새번역

잠언 따라쓰기

PROVERBS

AGAPE
[주]아가페출판사

새번역 잠언 따라쓰기를 시작하시는 분들께

새번역 성경으로 쓰는 지혜의 말씀

"잠언"은 우리 삶의 매 순간마다 귀한 지침이 되는 하나님의 지혜를 전합니다.

B.C. 1,000–700년경에 기록된 잠언은 가장 지혜로운 왕이었던 솔로몬의 글이 대부분이며, 그 외에 아굴, 르무엘 왕 등의 글도 담겨 있습니다. 하나님을 경외하는 것이 지혜의 근본이며, 하나님 앞에서나 사람들과의 관계에서 어떻게 사는 것이 지혜로운 것인지를 가르치고 있습니다.

알아두기

1. 기도로 시작하세요.

한 글자 한 글자를 쓰는 동안, 살아있는 하나님의 말씀이 내 안에 들어올 수 있도록 기도해요.

2. 말씀의 의미를 마음에 새기면서 쓰세요.

단순히 한번 쓰는 것이 목적이 아닙니다. 말씀의 의미를 이해하면서 써나갈 수 있도록 주의를 기울이세요.

3. 다 쓰고 나면 꼭 말씀을 묵상하세요.

묵상은 말씀을 깊이 생각하면서 내 것으로 만드는 시간입니다. 쓰기를 마친 후에는 말씀이 주는 깨달음에 대해 묵상하세요.

4. 적당한 분량을 정해놓고 매일 꾸준히 쓰세요.

한꺼번에 많은 양을 쓰려고 하지 마세요. 적당한 분량을 매일 꾸준히 쓰는 것이 중요합니다.

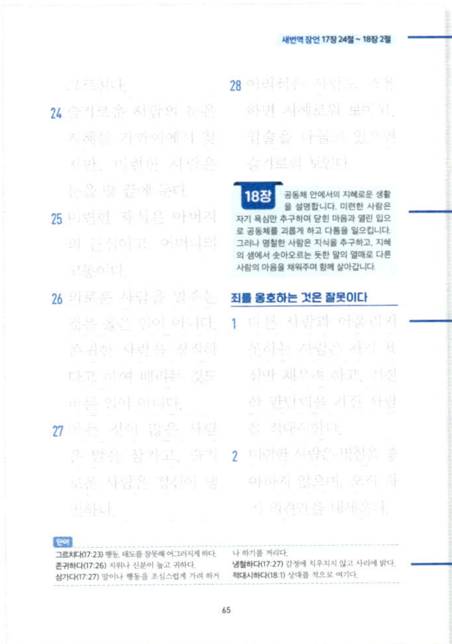

한 페이지에 해당하는 본문 장, 절 표기

내용을 이해하는 데 도움을 주는 장별 해설

글씨 모양을 바르게 잡아주는 모범 글씨체

어려운 단어를 쉽게 풀어놓은 단어해설

새번역

잠언

Proverbs

1장

잠언의 목적과 주제를 밝히면서 젊은이에게 악을 멀리하고 지혜를 구할 것을 교훈하고 있습니다. 잠언의 대부분을 지은 솔로몬은 이스라엘의 왕으로, 하나님께 백성을 다스릴 지혜를 구했습니다. 하나님은 솔로몬에게 세상 누구보다 탁월한 지혜를 선물로 주셨습니다.

잠언의 목적과 주제

1 이것은 다윗의 아들 이
스라엘 왕 솔로몬의 잠
언이다.
2 이 잠언은 지혜와 훈계
를 알게 하며, 명철의
말씀을 깨닫게 하며,
3 정의와 공평과 정직을
지혜롭게 실행하도록
훈계를 받게 하며,
4 어수룩한 사람을 슬기
롭게 하여 주며, 젊은
이들에게 지식과 분별
력을 갖게 하여 주는
것이니,
5 지혜 있는 사람은 이
가르침을 듣고 학식을
더할 것이요, 명철한 사
람은 지혜를 더 얻게
될 것이다.
6 잠언과 비유와 지혜 있
는 사람의 말과 그 심
오한 뜻을 깨달아 알
수 있을 것이다.
7 주님을 경외하는 것이
지식의 근본이어늘, 어
리석은 사람은 지혜와
훈계를 멸시한다.

젊은이에게 주는 충고

8 아이들아, 아버지의 훈

단어

잠언(1:1) 사람이 살아가는 데 훈계가 되는 짧은 말.
훈계(1:2) 잘못하지 않도록 타일러 주의시킴.
분별력(1:4) 세상 물정에 대해 옳고 그름을 판단하는 능력.
학식(1:5) 배워서 얻은 지식.
심오하다(1:6) 사상이나 이론의 깊이가 있고 오묘하다.

계를 잘 듣고, 어머니의
가르침을 저버리지 말
아라.
9 진정 이것은 머리에 쓸
아름다운 관이요, 너의
목에 걸 목걸이이다.
10 아이들아, 악인들이 너
를 꾀더라도, 따라가지
말아라.
11 그들이 너에게 이렇게
말할 것이다. "함께 가
서 숨어 기다렸다가, 이
유를 묻지 말고, 죄 없
는 사람을 죽이자.
12 스올처럼 그들을 산 채
로 삼키고, 무덤이 사
람을 통째로 삼키듯이,
그들을 통째로 삼키자.
13 우리는 온갖 값진 것을
얻게 될 것이며, 빼앗은
것으로 우리의 집을 가
득 채우게 될 것이다.
14 너도 우리와 함께 제
비를 뽑고, 우리 사이
에 돈주머니는 하나만
두자."
15 아이들아, 그들이 이렇
게 말하더라도, 너는
그들과 함께 다니지 말
고, 네 발을 그들이 가
는 길에 들여놓지 말
아라.
16 그들의 발은 악으로 치
달으며, 피 흘리는 일을

단어

꾀다(1:10) 그럴듯한 말이나 행동으로 남을 속이거나 부추겨서 자기 생각대로 끌다.

스올(1:12) 죽어서 가는 장소. 음부, 무덤, 지옥으로 번역되기도 한다.

제비(1:14) 여럿 가운데 하나를 골라 거기에 미리 적어둔 내용에 따라 승부나 차례를 정하는 방법.

서두르기 때문이다.
17 무릇, 새가 보는 앞에
서 그물을 치는 것은
헛수고이겠거늘,
18 그들이 가만히 엎드려
서 지키고 있으니 제 피
나 흘릴 뿐이요, 숨어
서 기다리고 있으니 제
목숨이나 잃을 뿐이다.
19 무릇 부당한 이득을 탐
하는 자의 길은 다 이
러하니, 재물이 목숨을
빼앗는다.

지혜가 부른다

20 지혜가 길거리에서 부
르며, 광장에서 그 소리
를 높이며,
21 시끄러운 길 머리에서
외치며, 성문 어귀와 성
안에서 말을 전한다.
22 "어수룩한 사람들아,
언제까지 어수룩한 것
을 좋아하려느냐? 비
웃는 사람들아, 언제까
지 비웃기를 즐기려느
냐? 미련한 사람들아,
언제까지 지식을 미워
하려느냐?
23 너희는 내 책망을 듣고
돌아서거라. 보아라, 내
가 내 영을 너희에게 보
여 주고, 내 말을 깨닫
게 해주겠다.
24 그러나 너희는, 내가 불

단어

헛수고(1:17) 아무 보람도 없이 힘들이고 애씀.
탐하다(1:19) 갖거나 차지하고 싶어 욕심을 부리다.
어귀(1:21) 드나드는 목의 첫머리.
어수룩하다(1:22) 겉모습이나 언행이 치밀하지 않고 순진하며 어설픈 데가 있다.
책망(1:23) 잘못을 나무라거나 꾸짖고 못마땅하게 여김.

러도 들으려고 하지 않
고, 내가 손을 내밀어
도 거들떠보려고도 하
지 않았다.
25 도리어 너희가 내 모든
충고를 무시하며 내 책
망을 받아들이지 않았
으니,
26 너희가 재앙을 만날 때
에, 내가 비웃을 것이
며, 너희에게 두려운 일
이 닥칠 때에, 내가 조
롱하겠다.
27 공포가 광풍처럼 너희
를 덮치며, 재앙이 폭풍
처럼 너희에게 밀려오
며, 고난과 고통이 너희
에게 밀어닥칠 때에,
28 그 때에야 나를 애타게
부르겠지만, 나는 대답
하지 않겠고, 나를 애
써 찾을 것이지만, 나
를 만나지 못할 것이다.
29 이것은 너희가 깨닫기
를 싫어하며, 주님 경외
하기를 즐거워하지 않
으며,
30 내 충고를 받아들이지
않으며, 내 모든 책망
을 업신여긴 탓이다.
31 그러므로 그런 사람은
제가 한 일의 열매를
먹으며, 제 꾀에 배부
를 것이다.

단어

거들떠보다(1:24) 알은체하거나 관심 있게 보다.
조롱하다(1:26) 비웃거나 얕보고 놀리다.
광풍(1:27) 미친 듯이 사납게 휘몰아치는 거센 바람.
경외하다(1:29) 두려운 마음으로 공경하다.
충고(1:30) 남의 잘못과 허물을 진심으로 타이름.
업신여기다(1:30) 교만한 마음으로 얕잡아 보다.

32 어수룩한 사람은 내게 등을 돌리고 살다가 자기를 죽이며, 미련한 사람은 안일하게 살다가 자기를 멸망시키지만,

33 오직 내 말을 듣는 사람은 안심하며 살겠고, 재앙을 두려워하지 않고 평안히 살 것이다."

2장 지혜를 구하는 사람이 얻게 되는 유익을 소개하고 있습니다. 지혜를 구하면, 하나님을 경외하게 되고 하나님을 아는 지식을 얻게 됩니다. 지혜가 있는 사람은 영혼이 즐겁고 악인의 길에서 구원을 받습니다. 악하고 거짓된 사람은 땅에서 뿌리가 뽑힙니다.

지혜가 주는 유익

1 아이들아, 내 말을 받아들이고, 내 명령을 마음속 깊이 간직하여라.

2 지혜에 네 귀를 기울이고, 명철에 네 마음을 두어라.

3 슬기를 외쳐 부르고, 명철을 얻으려고 소리를 높여라.

4 은을 구하듯 그것을 구하고, 보화를 찾듯 그것을 찾아라.

5 그렇게 하면, 너는 주님을 경외하는 길을 깨달을 것이며, 하나님을 아는 지식을 터득할 것이다.

6 주님께서 지혜를 주시고, 주님께서 친히 지식과 명철을 주시기 때문이다.

단어

안일하다(1:32) 사람이나 사물에 끼치는 나쁜 영향.
안심하다(1:33) 걱정을 떨치고 마음을 편히 가지다.
명철(2:2) 총명하여 사리에 밝고 지혜가 뛰어남.
보화(2:4) 보배로운 물건.
터득하다(2:5) 깊이 생각하여 이치를 깨달아 알아내다.
친히(2:6) 신분이나 지위가 높은 사람이 직접.

7 정직한 사람에게는 분
별하는 지혜를 마련하
여 주시고, 흠 없이 사
는 사람에게는 방패가
되어 주신다.
8 공평하게 사는 사람의
길을 보살펴 주시고, 주
님께 충성하는 사람의
길을 지켜 주신다.
9 그 때에야 너는 정의
와 공평과 정직, 이 모
든 복된 길을 깨달을
것이다.
10 지혜가 네 마음 속에
들어가고, 지식이 네 영
혼을 즐겁게 할 것이다.
11 분별력이 너를 지켜 주
고, 명철이 너를 보살펴
줄 것이다.
12 지혜가 악한 사람의 길
에서 너를 구하고, 겉
과 속이 다르게 말하는
사람에게서 너를 건질
것이다.
13 그들은 바른길을 버리
고, 어두운 길로 가는
사람들이다.
14 그들은 나쁜 일 하기를
좋아하며, 악하고 거스
르는 일 하기를 즐거워
한다.
15 그들의 길은 구부러져
있고, 그들의 행실은 비
뚤어져 있다.

단어

충성하다(2:8) 참된 마음으로 정성을 다해 따르다.
공평(2:9) 어느 한쪽에 치우침이 없이 바름.
분별력(2:11) 세상 물정에 대해 옳고 그름을 판단하는 능력.
거스르다(2:14) 따르지 않고 반대되는 방향을 취하다.
행실(2:15) 실지로 드러나는 행동.

지혜와 순결

16 지혜가 너를 음란한 여
자에게서 건져 주고,
너를 꾀는 부정한 여자
에게서 건져 줄 것이다.
17 그 여자는 젊은 시절의
짝을 버리고, 하나님과 맺
은 언약을 잊은 여자이다.
18 그 여자의 집은 죽음에
이르는 길목이요, 그
길은 죽음으로 내려가
는 길이다.
19 그런 여자에게 가는 자
는 아무도 되돌아오지
못하고, 다시는 생명의
길에 이르지 못한다.
20 그러므로 너는 선한 사
람이 가는 길을 가고,
의로운 사람이 걷는 길
로만 걸어라.
21 세상은 정직한 사람이
살 곳이요, 흠 없는 사
람이 살아 남을 곳이기
때문이다.
22 그러나 악한 사람은 땅
에서 끊어지고, 진실하
지 못한 사람은 땅에서
뿌리가 뽑힐 것이다.

3장 지혜의 가르침을 따를 때 얻는 축복을 소개합니다. 지혜로운 사람은 하나님과 사람 앞에 은혜를 입고 귀중히 여김을 받습니다. 또한 도움을 청하는 사람과 이웃에게 선을 행하는 사람은 축복을 받게 됩니다. 하나님은 겸손하게 선을 행하는 사람에게 은혜를 베푸십니다.

젊은이에게 주는 충고

1 아이들아, 내 가르침을

단어

꾀다(2:16) 그럴듯한 말이나 행동으로 남을 속이거나 부추겨서 자기 생각대로 끌다.
언약(2:17) 말로 약속함. 또는 그런 약속.
이르다(2:18) 어떤 장소나 시간에 닿다.
정직하다(2:21) 성품, 마음이 바르고 곧다.
흠(2:21) 사람의 성격과 언행에 보이는 부족한 점.

잊지 말고, 내 계명을
네 마음에 간직하여라.
2 그러면 그것들이 너를
장수하게 하며, 해가
갈수록 더욱 평안을 누
리게 할 것이다.
3 인자와 진리를 저버리
지 말고, 그것을 목에
걸고 다니며, 너의 마음
속 깊이 새겨 두어라.
4 그러면 하나님과 사람
앞에서 네가 은혜를 입
고 귀중히 여김을 받을
것이다.
5 너의 마음을 다하여 주
님을 의뢰하고, 너의 명
철을 의지하지 말아라.
6 네가 하는 모든 일에서
주님을 인정하여라. 그
러면 주님께서 네가 가
는 길을 곧게 하실 것
이다.
7 스스로 지혜롭다고 여
기지 말고, 주님을 경외
하며 악을 멀리하여라.
8 그러면 이것이 너의 몸
에 보약이 되어, 상처가
낫고 아픔이 사라질 것
이다.
9 너의 재산과 땅에서 얻
은 모든 첫 열매로 주
님을 공경하여라.
10 그러면 너의 창고가 가
득 차고, 너의 포도주

단어

간직하다(3:1) 생각이나 기억을 마음에 깊이 새겨 두다.
장수하다(3:2) 오래도록 살다.
저버리다(3:3) 잊거나 어기다. 등지거나 배반하다.
경외하다(3:7) 두려운 마음으로 공경하다.
보약(3:8) 몸의 전체적 기능을 조절하고 저항 능력을 키워 주며 기력을 보충해 주는 약.

통에 햇포도주가 넘칠 것이다.

11 아이들아, 주님의 훈계를 거부하지 말고, 그의 책망을 싫어하지 말아라.

12 주님은, 당신이 사랑하시는 사람을 꾸짖으시니, 마치 귀여워하는 아들을 꾸짖는 아버지와 같으시다.

지혜의 가치

13 지혜를 찾는 사람은 복이 있고, 명철을 얻는 사람은 복이 있다.

14 참으로 지혜를 얻는 것이 은을 얻는 것보다 낫고, 황금을 얻는 것보다 더 유익하다.

15 지혜는 진주보다 더 값지고, 네가 갖고 싶어하는 그 어떤 것도 이것과 비교할 수 없다.

16 그 오른손에는 장수가 있고, 그 왼손에는 부귀영화가 있다.

17 지혜의 길은 즐거운 길이요, 그 모든 길에는 평안이 있다.

18 지혜는, 그것을 얻는 사람에게는 생명의 나무이니, 그것을 붙드는 사람은 복이 있다.

19 주님은 지혜로 땅의 기

단어

꾸짖다(3:12) 윗사람이 아랫사람의 잘못에 대하여 엄하게 나무라다.
유익하다(3:14) 이롭거나 이익이 있다.
부귀영화(3:16) 재산이 많고 지위가 높으며 귀하게 되어서 세상에 드러나 온갖 영광을 누림.
평안(3:17) 걱정이나 탈이 없음. 무사히 잘 있음.

초를 놓으셨고, 명철로
하늘을 펼쳐 놓으셨다.
20 그분은 지식으로 깊은
물줄기를 터뜨리시고,
구름에서 이슬이 내리
게 하신다.
21 아이들아, 건전한 지혜
와 분별력을 모두 잘 간
직하여 너의 시야에서
떠나지 않게 하여라.
22 그것이 너의 영혼에 생
기를 불어넣으며, 너의
목에 우아한 장식물이
될 것이다.
23 그 때에 너는 너의 길
을 무사히 갈 것이며,
너의 발은 걸려 넘어지
지 않을 것이다.
24 너는 누워도 두렵지 않
고, 누우면 곧 단잠을
자게 될 것이다.
25 너는 갑자기 닥치는
두려운 일이나, 악한
사람에게 닥치는 멸망
을 보고 무서워하지
말아라.
26 주님께서 네가 의지할
분이 되셔서 너의 발이
덫에 걸리지 않게 지켜
주실 것이다.
27 너의 손에 선을 행할
힘이 있거든, 도움을 청
하는 사람에게 주저하
지 말고 선을 행하여라.

단어

건전하다(3:21) 사상이나 사물의 상태가 한쪽으로 치우치지 않고 정상적이며 위태롭지 않다.
시야(3:21) 사물을 관찰하고 분석하는 눈. 판단과 생각이 미치는 범위.
우아하다(3:22) 고상하고 기품이 있으며 아름답다.
덫(3:26) 남을 헐뜯고 모함하는 교활한 꾀를 비유함.

28 네가 가진 것이 있으면
서도, 너의 이웃에게
"갔다가 다시 오시오.
내일 주겠소" 말하지
말아라.
29 너를 의지하며 살고 있
는 너의 이웃에게 해를
끼칠 계획은 꾸미지 말
아라.
30 너에게 해를 끼치지 않
는 사람과는, 까닭없이
다투지 말아라.
31 폭력을 휘두르는 사람
을 부러워하지 말고, 그
의 행위는 그 어떤 것
이든 따르지 말아라.
32 참으로 주님은 역겨운
일을 하는 사람은 미워
하시고, 바른길을 걷는
사람과는 늘 사귐을 가
지신다.
33 주님은 악한 사람의 집
에는 저주를 내리시지
만, 의로운 사람이 사
는 곳에는 복을 내려
주신다.
34 진실로 주님은, 조롱하
는 사람을 비웃으시고,
겸손한 사람에게는 은
혜를 베푸신다.
35 지혜 있는 사람은 영
광을 물려받고, 미련한
사람은 수치를 당할 뿐
이다.

단어

주저하다(3:27) 머뭇거리며 망설이다.
해(3:29) 사람이나 사물에 끼치는 나쁜 영향.
역겹다(3:32) 속에 구역질이 날 만큼 거슬리게 싫다.
조롱하다(3:34) 남을 비웃거나 얕보고 놀리다.
수치(3:35) 다른 사람들을 볼 낯이 없거나 스스로 떳떳하지 못함. 또는 그런 일.

4장

아버지가 자신의 아버지에게 받았던 가르침을 다시 사랑하는 아들에게 전하고 있습니다. 지혜가 얼마나 소중하고 귀한지를 말하며, 바른길을 따르고 악인의 길을 피하라고 가르칩니다. 생명의 근원인 마음을 지키고, 입과 눈과 발을 지혜롭게 다스리라고 권면합니다.

지혜가 주는 유익

1 아이들아, 너희는 아버지의 훈계를 잘 듣고, 명철을 얻도록 귀를 기울여라.

2 내가 선한 도리를 너희에게 전하니, 너희는 내 교훈을 저버리지 말아라.

3 나도 내 아버지에게는 아들이었고, 내 어머니 앞에서도 하나뿐인 귀여운 자식이었다.

4 아버지는 내게 이렇게 가르치셨다. "내 말을 네 마음에 간직하고, 내 명령을 지켜라. 네가 잘 살 것이다.

5 지혜를 얻고, 명철을 얻어라. 내가 친히 하는 말을 잊지 말고, 어기지 말아라.

6 지혜를 버리지 말아라. 그것이 너를 지켜 줄 것이다. 지혜를 사랑하여라. 그것이 너를 보호하여 줄 것이다.

7 지혜가 으뜸이니, 지혜를 얻어라. 네가 가진 모든 것을 다 바쳐서라

단어

훈계(4:1) 잘못하지 않도록 타일러 주의시킴.
명철(4:1) 총명하여 사리에 밝고 지혜가 뛰어남.
도리(4:2) 마땅히 행해야 할 바른길.
저버리다(4:2) 잊거나 어기다. 등지거나 배반하다.
친히(4:5) 신분이나 지위가 높은 사람이 직접 제 몸으로.

도 명철을 얻어라.
8 지혜를 소중히 여겨라.
그것이 너를 높일 것이
다. 지혜를 가슴에 품
어라. 그것이 너를 존귀
하게 할 것이다.
9 그 지혜가 아름다운 화
관을 너의 머리에 씌워 주
고, 영광스러운 왕관을
너에게 씌워 줄 것이다."

바른길, 그른 길

10 아이들아, 들어라. 내
말을 받아들이면, 네가
오래 살 것이다.
11 내가 네게 지혜로운 길
을 가르쳐 주었고, 너
를 바른길로 이끌어 주
었으므로,
12 네가 걸을 때에, 네 걸
음이 막히지 않고, 달
려가도 넘어지지 않을
것이다.
13 훈계를 놓치지 말고 굳
게 잡아라. 그것은 네 생
명이니, 단단히 지켜라.
14 악독한 사람의 길에 들
어서지 말고, 악한 사
람의 길로는 다니지도
말아라.
15 그런 길은 피하고, 건너
가지도 말며, 발길을 돌
려서, 지나쳐 버려라.
16 그들은 악한 일을 저지
르지 않고는 잠을 이루

단어

으뜸(4:7) 가장 기본이 되거나 근본이 되는 것. 어떤 것들 가운데 가장 중요한 것.
존귀하다(4:8) 지위나 신분이 높고 귀하다.
화관(4:9) 아름답게 꾸민 관.
악독하다(4:14) 사람이나 그 마음, 언행이 매우 악하고 독살스럽다.

지 못하며, 남을 넘어
지게 하지 않고는 잠을
설치는 자들이다.
17 그들은 악한 방법으로
얻은 빵을 먹으며, 폭력
으로 빼앗은 포도주를
마신다.
18 의인의 길은 동틀 때의
햇살 같아서, 대낮이
될 때까지 점점 더 빛나
지만,
19 악인의 길은 캄캄하여,
넘어져도 무엇에 걸려 넘
어졌는지 알지 못한다.
20 아이들아, 내가 하는 말
을 잘 듣고, 내가 이르
는 말에 귀를 기울여라.
21 이 말에서 한시도 눈을
떼지 말고, 너의 마음
속 깊이 잘 간직하여라.
22 이 말은 그것을 얻는 사
람에게 생명이 되며, 그
의 온 몸에 건강을 준다.
23 그 무엇보다도 너는 네
마음을 지켜라. 그 마
음이 바로 생명의 근원
이기 때문이다.
24 왜곡된 말을 네 입에서
없애 버리고, 속이는 말
을 네 입술에서 멀리하
여라.
25 눈으로는 앞만 똑바로
보고, 시선은 앞으로만
곧게 두어라.

단어

설치다(4:16) 어떤 일을 필요한 정도에 미치지 못한 채로 그만두다.
한시(4:21) 잠깐 동안.
근원(4:23) 사물이 비롯되는 근본이나 원인.
왜곡하다(4:24) 사실과 달리 그릇되게 하거나 진실과 다르게 해석하다.

26 발로 디딜 곳을 잘 살
펴라. 네 모든 길이 안
전할 것이다.
27 좌로든 우로든 빗나가
지 말고, 악에서 네 발
길을 끊어 버려라.

5장 음행하는 여자(죄)를 가까이 하지 말고, 젊었을 때 결혼한 아내를 즐거워하고 사랑하라는 교훈입니다. 죄는 당장은 달콤하지만 결국에는 쓰고, 죄에 빠진 사람은 엄청난 대가를 치르게 됩니다. 명예와 재물을 잃고, 건강을 망치며, 크게 후회하게 됩니다.

아내에게 성실히 하여라

1 내 아들아, 너는 내 지
혜에 주의를 기울이고
내 명철에 너의 귀를 기
울여서,
2 분별력을 간직하고, 네
입술로 지식을 굳게 지
켜라.
3 음행하는 여자의 입술
에서는 꿀이 떨어지고,
그 말은 기름보다 매끄
럽지만,
4 그것이 나중에는 쑥처
럼 쓰고, 두 날을 가진
칼처럼 날카롭다.
5 그 여자의 발은 죽을
곳으로 내려가고, 그 여
자의 걸음은 스올로 치
닫는다.
6 그 여자는 생명의 길을
지키지 못하며, 그 길이
불안정해도 그것을 깨
닫지 못한다.
7 내 아들아, 이제 너희

단어

빗나가다(4:27) 한쪽으로 기울거나 쏠리게 이동하다.
주의(5:1) 마음에 새겨 두고 조심함.
분별력(5:2) 세상 물정에 대해 옳고 그름을 적당하게 잘 판단하는 능력.
스올(5:5) 죽어서 가는 장소. 음부, 무덤, 지옥으로 번역되기도 한다.

는 내 말을 잘 들어라.
내가 하는 말에서 벗어
나지 말아라.
8 네 길에서 그 여자를
멀리 떨어져 있게 하여
라. 그 여자의 집 문 가
까이에도 가지 말아라.
9 그렇지 않으면, 네 영예
가 다른 사람에게 넘어
가고, 네 아까운 세월
을 포학자들에게 빼앗
길 것이다.
10 다른 사람이 네 재산으
로 배를 불리고, 네가
수고한 것이 남의 집으
로 돌아갈 것이다.
11 마침내 네 몸과 육체를
망친 뒤에, 네 종말이
올 때에야 한탄하며,
12 말하기를 "내가 어찌하
여 훈계를 싫어하였던
가? 내가 어찌하여 책
망을 멸시하였던가?
13 내가 스승에게 순종하
지 않고, 나를 가르쳐
주신 분에게 귀를 기울
이지 않고 있다가,
14 온 회중이 보는 앞에서
이런 처절한 재난을 당
하는구나!" 할 것이다.
15 너는 네 우물의 물을
마시고, 네 샘에서 솟
아나는 물을 마셔라.
16 어찌하여 네 샘물을 바

단어

벗어나다(5:7) 틀이나 영역에서 밖으로 빠지다.
종말(5:11) 계속되어 온 일이나 현상의 마지막.
한탄하다(5:11) 한숨을 쉬며 탄식하다.
멸시하다(5:12) 얕잡아보고 하찮게 여겨 깔보다.
회중(5:14) 많이 모인 사람들.
처절하다(5:14) 몸서리칠 정도로 몹시 끔찍하다.

깥으로 흘려 보내며, 그
물줄기를 거리로 흘려
보내려느냐?
17 그 물은 너 혼자만의
것으로 삼고, 다른 사
람들과 나누지 말아라.
18 네 샘이 복된 줄 알고,
네가 젊어서 맞은 아내
와 더불어 즐거워하여라.
19 아내는 사랑스러운 암
사슴, 아름다운 암노
루, 그의 품을 언제나
만족스럽게 생각하고,
그의 사랑을 언제나 사
모하여라.
20 내 아들아, 어찌하여
음행하는 여자를 사모
하며, 부정한 여자의
가슴을 껴안겠느냐?
21 주님의 눈은 사람의 길
을 지켜 보시며, 그 모
든 길을 살펴보신다.
22 악인은 자기의 악에 걸
리고, 자기 죄의 올무
에 걸려 들어서,
23 훈계를 받지 않아서 죽
고, 너무나 미련하여 길
을 잃는다.

6장 일상생활 가운데 저지르기 쉬운 여러가지 어리석은 일들을 경계하도록 권면하고 있습니다. 이웃을 위해 함부로 보증을 서지 말고, 게으르지 말라고 말하며 이 가르침을 마음에 간직하라고 당부합니다. 마지막으로는 음행에 관하여 다시 강하게 경고합니다.

어리석은 사람이 되지 말아라

1 아이들아, 네가 이웃을

단어

더불다(5:18) 둘 이상의 사람이 함께하다.
사모하다(5:19) 마음에 두고 애틋하게 생각하며 그리워하다.
올무(5:22) 올가미나 덫 같은 사냥 기구. 여기서는 사람을 얽어매기 위해 꾸민 잔꾀를 말한다.
미련하다(5:23) 어리석고 둔하다.

도우려고 담보를 서거
나, 남의 딱한 사정을
듣고 보증을 선다면,
2 네가 한 그 말에 네가
걸려 들고, 네가 한 그
말에 네가 잡힌다.
3 아이들아, 네가 너의
이웃의 손에 잡힌 것이
니, 어서 그에게 가서
풀어 달라고 겸손히 간
청하여라. 너는 이렇게
하여 자신을 구하여라.
4 잠을 자지도 말고, 졸지
도 말고
5 노루가 사냥꾼의 손에
서 벗어나듯, 새가 새
잡는 사람의 손에서 벗
어나듯, 어서 벗어나서
너 자신을 구하여라.
6 게으른 사람아, 개미에
게 가서, 그들이 사는
것을 살펴보고 지혜를
얻어라.
7 개미는 우두머리도 없
고 지휘관도 없고 통치
자도 없지만,
8 여름 동안 양식을 마련
하고, 추수 때에 먹이
를 모아 둔다.
9 게으른 사람아, 언제까
지 누워 있으려느냐?
언제 잠에서 깨어 일어
나려느냐?
10 "조금만 더 자야지, 조

단어

담보(6:1) 빚진 사람이 빚을 갚지 않을 경우를 대비하여 그 빚을 대신할 수 있는 신용으로 받는 것.

보증(6:1) 돈이나 물건 등을 빌린 사람이 그것을 갚지 않을 경우 그 사람을 대신해 갚아야 하는 일.

우두머리(6:7) 단체, 조직, 부서 등의 가장 윗사람.

추수(6:8) 가을에 익은 곡식을 거두어들임.

금만 더 눈을 붙여야
지, 조금만 더 팔을 베
고 누워 있어야지"하
면,
11 네게 가난이 강도처럼
들이닥치고, 빈곤이 방
패로 무장한 용사처럼
달려들 것이다.
12 건달과 악인은 그릇된
말이나 하며 돌아다닌
다.
13 그들은 눈짓과 발짓과
손짓으로 서로 신호를
하며,
14 그 비뚤어진 마음으로
항상 악을 꾀하며, 싸
움만 부추긴다.
15 그러므로 갑자기 닥쳐
오는 재앙을 만나, 순
식간에 망하고, 회복되
지 못한다.
16 주님께서 미워하시는
것, 주님께서 싫어하시
는 것이 예닐곱 가지이
다.
17 교만한 눈과 거짓말하
는 혀와 무죄한 사람을
피 흘리게 하는 손과
18 악한 계교를 꾸미는 마
음과 악한 일을 저지르
려고 치닫는 발과,
19 거짓으로 증거하는 사
람과, 친구 사이를 이
간하는 사람이다.

단어

빈곤(6:11) 수입이나 재산이 적어서 살림살이가 넉넉하지 못하고 어려움.
부추기다(6:14) 이루어지거나 행해지도록 이리저리 들쑤시다.
이간하다(6:19) 사람 사이에서 서로를 헐뜯어 그 관계가 멀어지게 만들다.

부도덕에 대한 경고

20 아이들아, 아버지의 명
령을 지키고, 어머니의
가르침을 저버리지 말
아라.
21 그것을 항상 네 마음에
간직하며, 네 목에 걸
고 다녀라.
22 네가 길을 갈 때 그것이
너를 인도하여 주며, 네
가 잠잘 때에 너를 지켜
주고, 네가 깨면 너의
말벗이 되어 줄 것이다.
23 참으로 그 명령은 등불
이요, 그 가르침은 빛이
며, 그 훈계의 책망은
생명의 길이다.
24 이것이 너를 악한 여자
에게서 지켜 주고, 음행
하는 여자의 호리는 말
에 네가 빠지지 않게 지
켜 준다.
25 네 마음에 그런 여자의
아름다움을 탐내지 말
고, 그 눈짓에 홀리지
말아라.
26 과연 창녀는 사람을 빵
한 덩이만 남게 만들
며, 음란한 여자는 네
귀중한 생명을 앗아간
다.
27 불을 가슴에 안고 다
니는데 옷이 타지 않을
수 있겠느냐?

단어

말벗(6:22) 함께 이야기를 나눌 만한 친한 사람.
호리다(6:24) 유혹하거나 꾀어 정신을 흐리게 하다.
탐내다(6:25) 몹시 가지거나 차지하고 싶어 하다.
홀리다(6:25) 어떤 대상이나 그 유혹에 넘어가 마음을 빼앗겨 정신을 차리지 못하거나 산만해지다.
앗아가다(6:26) 강제로 가져가서 없게 만들다.

28 숯불 위를 걸어 다니는
데 발이 성할 수 있겠
느냐?
29 남의 아내와 간통하는
자가 이렇다. 남의 아내
를 범하고서도 어찌 무
사하기를 바라겠느냐?
30 도둑이 다만 허기진 배
를 채우려고 훔쳤다면,
사람들은 그 도둑을 멸
시하지 않을 것이다.
31 그래도 훔치다 들키면
일곱 배를 갚아야 하
고, 심하면 자기 집에
있는 모든 재산을 다
내주어야 할 것이다.
32 남의 아내와 간음하는
사람은 생각이 모자라
는 사람이다. 자기 영혼
을 망치려는 사람만이
그런 일을 한다.
33 그는 매를 맞고 창피를
당할 것이니, 그 수치를
절대로 씻을 수 없을
것이다.
34 그의 남편이 질투에 불
타서 복수하는 날, 조
금도 동정하여 주지 않
을 것이다.
35 어떤 보상도 거들떠보
려고 하지 않을 것이며,
아무리 많은 위자료를
가져다주어도 받으려
하지 않을 것이다.

단어

허기지다(6:30) 몹시 굶주려 몸의 기운이 빠지다.
간음하다(6:32) 결혼한 사람이 배우자가 아닌 이성과 성관계를 맺다.
수치(6:33) 다른 사람들을 볼 낯이 없거나 스스로 떳떳하지 못함. 또는 그런 일.
보상(6:35) 남에게 끼친 손해나 손실에 대가를 지불함.

7장

계속해서 음행에 대한 경고가 이어집니다. 부도덕한 여인의 유혹이 아닌 부모의 교훈을 따라 지혜롭게 행할 것을 간곡히 당부하고 있습니다. 지혜 없는 젊은이가 유혹에 빠지는 장면을 이야기처럼 생생하게 표현하며 죄의 유혹에 흔들리지 말라고 경고합니다.

불신실한 자의 어리석음

1 아이들아, 내 말을 지키고, 내 명령을 너의 마음 속 깊이 간직하여라.

2 내 명령을 지켜서 잘 살고 내 교훈을 너의 눈동자를 보호하듯 지켜라.

3 그것을 너의 손가락에 매고, 네 마음 속 깊이 새겨 두어라.

4 지혜에게는 "너는 내 누이"라고 말하고, 명철에게는 "너는 내 친구"라고 불러라.

5 그러면 그것이 너를 음행하는 여자로부터 지켜 주고, 달콤한 말로 호리는 외간 여자로부터 지켜 줄 것이다.

부도덕한 여인

6 나는, 나의 집 창가에서 창살문으로 내다보다가,

7 어수룩한 젊은이들 가운데, 지혜 없는 젊은이가 있는 것을 보았다.

8 그는 거리를 지나 골목 모퉁이로 가까이 가서, 그 여자의 집으로 가는 길로 발걸음을 옮겼다.

단어

누이(7:4) 남자의 여자 형제.
명철(7:4) 총명하여 사리에 밝고 지혜가 뛰어남.
외간(7:5) 친척이 아닌 남.
어수룩하다(7:7) 겉모습이나 언행이 치밀하지 않고 순진하며 어설픈 데가 있다.
땅거미(7:9) 해가 지고 완전히 어두워지기 전의 어스름.

9 저녁이 되어 땅거미가
지고, 밤이 되어 어두
워진 때였다.
10 한 여자가 창녀 옷을 입
고서, 교활한 마음을
품고 그에게 다가갔다.
11 그 여자는 마구 떠들
며, 예의 없이 굴며, 발
이 집에 머물러 있지를
못한다.
12 때로는 이 거리에서, 때
로는 저 광장에서, 길
목마다 몸을 숨기고 있
다가,
13 그 젊은이를 와락 붙잡
고 입을 맞추며, 뻔뻔스
러운 얼굴로 그에게 말
하였다.
14 "오늘 나는 화목제를
드려서, 서원한 것을 실
행하였습니다.
15 그래서 나는 당신을 맞
으러 나왔고, 당신을 애
타게 찾다가, 이렇게 만
나게 되었습니다.
16 내 침대에는 요도 깔
아 놓았고, 이집트에서
만든 무늬 있는 이불도
펴놓았습니다.
17 누울 자리에는 몰약과
침향과 육계향을 뿌려
두었습니다.
18 자, 어서 가서 아침이
되도록 한껏 사랑에 빠

단어

화목제(7:14) 하나님의 은혜를 감사하거나 소원을 빌 때 드리는 제사.
몰약(7:17) 아라비아, 아프리카 지방에서 자라는 감람과 나무. 즙을 내 향료나 의료품으로 쓴다.
침향(7:17) 향료의 일종으로 침향목에서 뽑아낸 물질. 방부제로도 사용하는 고급 향료에 속한다.

지고, 서로 사랑하면서
즐깁시다.
19 남편도 먼 여행길을 떠
나서 집에 없습니다.
20 돈주머니를 가지고 갔
으니, 보름달이 뜰 때
라야 집에 돌아올 겁
니다."
21 이렇게 여러 가지 달콤
한 말로 유혹하고 호리
는 말로 꾀니,
22 그는 선뜻 이 여자의
뒤를 따라 나섰다. 마
치 도살장으로 끌려가
는 소와도 같고, 올가미
에 채이러 가는 어리석
은 사람과도 같다.
23 마치 자기 목숨을 잃는
줄도 모르고 그물 속으
로 쏜살같이 날아드는
새와 같으니, 마침내 화
살이 그의 간을 꿰뚫을
것이다.
24 아이들아, 이제 너희는
나의 말을 잘 들어라.
내가 하는 말을 명심하
여라.
25 네 마음이 그 여자가
가는 길로 기울지 않게
하고, 그 여자가 가는
길로 빠져 들지 않게
하여라.
26 그 여자에게 상처를 입
고 쓰러진 사람이 많

단어

호리다(7:21) 유혹하거나 꾀어 정신을 흐리게 하다.
꾀다(7:21) 그럴듯한 말이나 행동으로 남을 속이거나 부추겨서 자기 생각대로 끌다.
선뜻(7:22) 동작이 매우 시원스럽고 빠른 모양을 나타내는 말.
도살장(7:22) 소나 돼지 같은 가축을 잡는 곳.

고, 그 여자 때문에 죽
은 남자도 헤아릴 수
없이 많다.
27 그런 여자의 집은 스올
로 트인 길이며, 죽음의
안방으로 내려가는 길
이다.

8장 지혜를 사람에 비유하여 설명하고 있습니다. 지혜는 모든 사람에게 자신을 선포하며, 왕과 지도자들을 돕고, 자신을 간절히 찾는 사람을 만나줍니다. 금은보화를 얻는 것보다 지혜를 얻는 것이 더 귀하므로, 온 힘과 마음을 다해 지혜를 얻으라고 교훈합니다.

지혜 찬양

1 지혜가 부르고 있지 않
느냐? 명철이 소리를
높이고 있지 않느냐?
2 지혜가 길가의 높은 곳
과, 네거리에 자리를 잡
고 서 있다.
3 마을 어귀 성문 곁에
서, 여러 출입문에서 외
친다.
4 "사람들아, 내가 너희를
부른다. 내가 모두에게
소리를 높인다.
5 어수룩한 사람들아, 너
희는 명철을 배워라. 미
련한 사람들아, 너희는
지혜를 배워라.
6 너희는 들어라. 나는 옳
은 말만 하고, 내 입술
로는 바른 말만 한다.
7 내 입은 진실을 말하
며, 내 입술은 악을 싫
어한다.

단어

스올(7:27) 죽어서 가는 장소. 음부, 무덤, 지옥으로 번역되기도 한다.
명철(8:1) 총명하여 사리에 밝고 지혜가 뛰어남.
성문(8:3) 성읍으로 드나드는 문. 이스라엘의 성문은 모임이나 거래 장소, 법적인 판결을 내리거나 발표하는 장소로 사용되기도 했다.

8 내가 하는 말은 모두 의로운 것뿐이며, 거기에는 비뚤어지거나 그릇된 것이 없다.
9 총명이 있는 사람은 이 모든 말을 옳게 여기고, 지식이 있는 사람은 이 모든 말을 바르게 여긴다.
10 너희는 은을 받기보다는 내 훈계를 받고, 금을 선택하기보다는 지식을 선택하여라.
11 참으로 지혜는 진주보다 좋으며, 네가 갖고 싶어하는 그 어떤 것도 이것과 비교할 수 없다."

지혜가 하는 말

12 "나 지혜는 명철로 주소를 삼으며, 지식과 분별력을 가지고 있다.
13 주님을 경외하는 것은 악을 미워하는 것이다. 나는 교만과 오만, 악한 행실과 거짓된 입을 미워한다.
14 내게는 지략과 건전한 지혜가 있으며, 명철과 능력이 있다.
15 내 도움으로 왕들이 통치하며, 고관들도 올바른 법령을 내린다.
16 내 도움으로 지도자들이 바르게 다스리고,

단어

분별력(8:12) 세상 물정에 대해 옳고 그름을 판단하는 능력.
오만(8:13) 태도나 행동이 방자하고 건방짐.
지략(8:14) 어떤 일이나 문제를 포착해 잘 분석하여, 해결책을 세우는 뛰어난 슬기와 계략.
법령(8:15) 법률과 명령을 아울러 이르는 말.

고관들 곧 공의로 재판
하는 자들도 올바른 판
결을 내린다.
17 나는, 나를 사랑하는
사람을 사랑하며, 나를
간절히 찾는 사람을 만
나 준다.
18 부귀와 영화도 내게 있
으며, 든든한 재물과
의도 내게 있다.
19 내가 맺어 주는 열매는
금이나 순금보다 좋고,
내가 거두어 주는 소출
은 순은보다 좋다.
20 나는 의로운 길을 걸으
며, 공의로운 길 한가
운데를 걷는다.
21 나를 사랑하는 사람에
게는 내가 재물을 주어
서, 그의 금고가 가득
차게 하여 줄 것이다.
22 주님께서 일을 시작하
시던 그 태초에, 주님께
서 모든 것을 지으시기
전에, 이미 주님께서는
나를 데리고 계셨다.
23 영원 전, 아득한 그 옛
날, 땅도 생기기 전에,
나는 이미 세움을 받
았다.
24 아직 깊은 바다가 생기
기도 전에, 물이 가득
한 샘이 생기기도 전에,
나는 이미 태어났다.

단어

고관(8:16) 직위가 높은 관리.
판결(8:16) 일의 옳고 그름이나 좋고 나쁨을 판단하여 결정함.
부귀(8:18) 재산이 많고 사회적 지위가 높음.
소출(8:19) 논밭에서 생산되는 곡식의 양.
아득하다(8:23) 까마득하게 오래다.

25 아직 산의 기초가 생기기 전에, 언덕이 생기기 전에, 나는 이미 태어났다.

26 주님께서 아직 땅도 들도 만들지 않으시고, 세상의 첫 흙덩이도 만들지 않으신 때이다.

27 주님께서 하늘을 제자리에 두시며, 깊은 바다 둘레에 경계선을 그으실 때에도, 내가 거기에 있었다.

28 주님께서 구름 떠도는 창공을 저 위 높이 달아매시고, 깊은 샘물을 솟구치게 하셨을 때에,

29 바다의 경계를 정하시고, 물이 그분의 명을 거스르지 못하게 하시고, 땅의 기초를 세우셨을 때에,

30 나는 그분 곁에서 창조의 명공이 되어, 날마다 그분을 즐겁게 하여 드리고, 나 또한 그분 앞에서 늘 기뻐하였다.

31 그분이 지으신 땅을 즐거워하며, 그분이 지으신 사람들을 내 기쁨으로 삼았다.

32 그러므로 아이들아, 이제 내 말을 들어라. 내 길을 따르는 사람이 복

단어

기초(8:25) 사물의 기본이 되는 토대.
창공(8:28) 푸른 하늘.
경계(8:29) 어떤 지역과 다른 지역 사이에 일정한 기준으로 구별되는 한계.
거스르다(8:29) 따르지 않고 반대되는 방향을 취하다.
명공(8:30) 기술이 뛰어난 장인.

이 있다.
33 내 훈계를 들어서 지혜
를 얻고, 그것을 무시하
지 말아라.
34 날마다 나의 문을 지
켜 보며, 내 문설주 곁
에 지키고 서서, 내 말
을 듣는 사람은 복이
있다.
35 나를 얻는 사람은 생명
을 얻고, 주님께로부터
은총을 받을 것이다.
36 그러나 나를 놓치는 사
람은 자기 생명을 해치
는 사람이며, 나를 미
워하는 사람은 죽음을
사랑하는 사람이다."

9장 1-8장의 내용을 정리한 글로, 지혜의 초청과 어리석은 여자의 초청을 대조해 설명하고 있습니다. 어떤 초청에 응하느냐에 따라 결과는 완전히 다릅니다. 지혜의 초청에 응한 사람은 하나님을 경외하며 더욱 지혜로워집니다. 어리석은 여자의 초청에 응한 사람은 죄에 넘어지고 멸망합니다.

지혜와 어리석음

1 지혜가 일곱 기둥을 깎
아 세워서 제 집을 짓고,
2 짐승을 잡고, 포도주를
잘 빚어서, 잔칫상을 차
린 다음에,
3 시녀들을 보내어, 성읍
높은 곳에서 외치게 하
였다.
4 "어수룩한 사람은 누구
나 이리로 발길을 돌려
라." 지각이 모자라는
사람도 초청하라고 하

단어

문설주(8:34) 문짝을 끼워 달기 위하여, 중방과 문지방 사이에 있는 문의 양쪽에 세운 기둥.
은총(8:35) 높은 사람에게 받는 특별한 은혜와 사랑. 하나님께 받는 사랑.
어수룩하다(9:4) 겉모습이나 언행이 치밀하지 않고 순진하며 어설픈 데가 있다.

였다.
5 "와서 내가 차린 음식
을 먹고, 내가 잘 빚은
포도주를 마셔라.
6 어수룩한 길을 내버리
고, 생명을 얻어라. 명
철의 길을 따라가거라"
하였다.

참 지혜

7 거만한 사람을 훈계하
면 수치를 당할 수 있고,
사악한 사람을 책망하
면 비난을 받을 수 있다.
8 거만한 사람을 책망하
지 말아라. 그가 너를
미워할까 두렵다. 지혜
로운 사람은 꾸짖어라.
그가 너를 사랑할 것
이다.
9 지혜로운 사람은 훈계
를 할수록 더욱 지혜로
워지고 의로운 사람은
가르칠수록 학식이 더
할 것이다.
10 주님을 경외하는 것이
지혜의 근본이요, 거룩
하신 이를 아는 것이
슬기의 근본이다.
11 나 지혜로 말미암아 네
가 오래 살 것이요, 네
수명도 길어질 것이다.
12 네가 지혜로우면 그 지
혜가 네게 유익하지만,
네가 거만하면 그 거만

단어

명철(9:6) 총명하여 사리에 밝고 지혜가 뛰어남.
훈계(9:7) 잘못하지 않도록 타일러 주의시킴.
사악하다(9:7) 간사하고 악독하다.
학식(9:9) 체계적인 지식과 사물에 대한 식견.
경외하다(9:10) 공경하면서 두려워하다.
유익하다(9:12) 이롭거나 이익이 있다.

이 너만 해롭게 할 것
이다.

어리석은 여자

13 어리석은 여자는 수다스
럽다. 지각이 없으니, 아
는 것이 아무것도 없다.
14 그러한 여자는 자기 집
문 앞에 앉거나, 마을
높은 곳에 앉아서,
15 제 갈길만 바쁘게 가는
사람에게
16 "어수룩한 사람은 누구
나 이리로 발길을 돌려
라" 하고 소리친다. 지
각이 모자라는 사람에
게도 이르기를
17 "훔쳐서 마시는 물이 더
달고, 몰래 먹는 빵이
더 맛있다"하고 말한다.
18 그런데도 어리석은 사
람은, 죽음의 그늘이
바로 그 곳에 드리워져
있다는 것을 모른다.
그 여자를 찾아온 사람
마다 이미 스올의 깊은
곳에 가 있다는 것을,
그 어리석은 사람은 알
지 못한다.

10장 10장부터 22장 16절까지를 '솔로몬의 제2잠언집'이라고 합니다. 10-15장은 의인과 악인의 삶을 대조하면서 교훈하고 있습니다. 특히 이 장에서는 말을 주제로 의인과 악인을 비교합니다. 의인의 말은 지혜가 있지만 악인의 말은 멸망을 가져온다고 가르치고 있습니다.

솔로몬의 잠언

1 이것은 솔로몬의 잠언

단어

지각(9:13) 사물의 이치나 도리를 분별하는 능력. 알아서 깨닫는 능력.
모자라다(9:16) 어떠한 표준에 미치지 못하다.
스올(9:18) 죽어서 가는 장소. 음부, 무덤, 지옥으로 번역되기도 한다.
잠언(10:1) 사람이 살아가는 데 훈계가 되는 짧은 말.

이다. 지혜로운 아들은
아버지를 기쁘게 하지
만, 미련한 아들은 어
머니의 근심거리이다.
2 부정하게 모은 재물은
쓸모가 없지만, 의리는
죽을 사람도 건져낸다.
3 주님은 의로운 생명은
주리지 않게 하시지만,
악인의 탐욕은 물리치
신다.
4 손이 게으른 사람은 가
난하게 되고 손이 부지
런한 사람은 부유하게
된다.
5 곡식이 익었을 때에 거
두어들이는 아들은 지
혜가 있는 아들이지만,
추수 때에 잠만 자고
있으면, 부끄러운 아들
이다.
6 의인은 머리에 복을 이
고 있으나, 악인은 입에
독을 머금고 있다.
7 의인은 칭찬을 받으며
기억되지만, 악인은 그
이름마저 기억에서 사
라진다.
8 마음이 지혜로운 사람
은 명령을 받아들이지
만, 입을 어리석게 놀리
는 사람은 멸망한다.
9 흠 없이 살면 앞길이
평안하지만, 그릇되게

단어

근심거리(10:1) 해결되지 않아 마음을 놓을 수 없고 불안하고 걱정이 되는 일.
주리다(10:3) 원하는 것을 얻지 못해 모자람을 느끼다.
탐욕(10:3) 어떤 것을 자기 것으로 만들고 싶은 지나친 욕심.
흠(10:9) 사람의 성격과 언행에 보이는 부족한 점.

살면 마침내 드러나게
된다.
10 눈을 흘기면 고난이 생
기고, 입을 어리석게 놀
리는 사람은 멸망한다.
11 의인의 입은 생명의 샘
이지만, 악인의 입은
독을 머금고 있다.
12 미움은 다툼을 일으키
지만, 사랑은 모든 허
물을 덮어 준다.
13 명철한 사람의 입술에
는 지혜가 있지만, 지혜
가 없는 사람의 등에는
매가 떨어진다.
14 지혜로운 사람은 지식
을 간직하지만, 미련한
사람의 입은 멸망을 재
촉한다.
15 부자의 재산은 그의 견
고한 성이 되지만, 가난
한 사람의 빈곤은 그를
망하게 한다.
16 의인의 수고는 생명에
이르고, 악인의 소득은
죄에 이른다.
17 훈계를 지키는 사람은
생명의 길에 이르지만,
책망을 저버리는 사람은
잘못된 길로 들어선다.
18 미움을 감추는 사람은
거짓말 하는 사람이요,
남을 중상하는 사람은
미련한 사람이다.

단어

허물(10:12) 저지른 잘못. 모자란 점이나 결점.
재촉하다(10:14) 빨리하도록 다그치다.
소득(10:16) 어떤 일의 결과로 얻은 정신적·물질적인 이익.
중상하다(10:18) 어떤 일의 결과로 얻은 정신적·물질적인 이익.

19 말이 많으면 허물을 면
하기 어려우나, 입을 조
심하는 사람은 지혜가
있다.
20 의인의 혀는 순수한 은
과 같지만, 악인의 마음
은 아무 가치가 없다.
21 의인의 입술은 많은 사
람을 먹여 살리지만, 어
리석은 사람은 생각 없
이 살다가 죽는다.
22 주님께서 복을 주셔서
부유하게 되는 것인데,
절대로 근심을 곁들여
주시지 않는다.
23 미련한 사람은 나쁜 일
을 저지르는 데서 낙을
누리지만, 명철한 사람은
지혜에서 낙을 누린다.
24 악인에게는 두려워하는
일이 닥쳐오지만, 의인
에게는 바라는 일이 이
루어진다.
25 회오리바람이 지나가
면, 악인은 없어져도,
의인은 영원한 기초처
럼 꼼짝하지 않는다.
26 게으른 사람은 부리는
사람에게, 이에 초 같
고, 눈에 연기 같다.
27 주님을 경외하면 장수
를 누리지만, 악인의 수
명은 짧아진다.
28 의인의 희망은 기쁨을

단어

면하다(10:19) 어떤 일을 당하지 않게 되다.
부유하다(10:22) 가지고 있는 재물이나 살림이 넉넉하고 풍부하다.
곁들이다(10:22) 덧붙이거나 함께하다.
저지르다(10:23) 잘못이나 사고를 일으키다.
낙(10:23) 살아가는 데 있어서의 재미나 즐거움.

거두지만, 악인의 희망
은 끊어진다.
29 주님의 도가 정직한 사
람에게는 힘이 되지만,
악행을 하는 사람에게
는 멸망이 된다.
30 의인은 영원히 흔들리
지 않지만, 악인은 땅
에서 배겨내지 못한다.
31 의인의 입에서는 지혜
가 나오지만, 거짓말하
는 혀는 잘릴 것이다.
32 의인의 입술은 남을
기쁘게 하는 말이 무
엇인지 알지만, 악인의
입은 거짓을 말할 뿐
이다.

11장

평소의 생활 속에서 지혜롭게 사는 비결을 좀 더 구체적으로 설명합니다. 정직하고 의로운 사람은 생명에 이르는 열매를 맺으며 공동체에도 선한 영향력을 미치지만, 남을 속이고 악을 따르는 사람은 공동체에도 나쁜 영향을 미치며 결국 자신도 망하게 됩니다.

언행을 조심하라

1 속이는 저울은 주님께
서 미워하셔도, 정확한
저울추는 주님께서 기
뻐하신다.
2 교만한 사람에게는 수
치가 따르지만, 겸손한
사람에게는 지혜가 따
른다.
3 정직한 사람은 성실하
게 살아, 바른길로 가
지만, 사기꾼은 속임수
를 쓰다가 제 꾀에 빠져

단어

배겨내다(10:30) 어려운 일을 끝까지 참고 견디다.
저울추(11:1) 저울대 한쪽에 걸거나 저울판에 올려놓는 일정한 무게의 쇠.
수치(11:2) 다른 사람들을 볼 낯이 없거나 스스로 떳떳하지 못함. 또는 그런 일.
성실하다(11:3) 정성스럽고 참되다.

멸망한다.
4 재물은 진노의 날에 쓸
모가 없지만, 의리는
죽을 사람도 건져낸다.
5 흠 없는 사람은 그의
옳은 행실로 그가 사는
길을 곧게 하지만, 악한
사람은 자신의 악 때문
에 쓰러진다.
6 정직한 사람의 옳은 행
실은 그를 구원하지만,
반역하는 사람은 제 욕
심에 걸려 넘어진다.
7 악인은 죽을 때에 그들
의 희망도 함께 끊어지
고, 불의에 걸었던 기대
도 물거품이 된다.
8 의인은 재난에 빠져도
구원을 받지만, 악인은
오히려 재난 속으로 빠
져들어간다.
9 하나님을 경외하지 않
는 사람은 입으로 이웃
을 망하게 하지만, 의인
은 지식으로 구원을 얻
는다.
10 의인이 잘 되면 마을이
기뻐하고, 악인이 망하
면 마을이 환호한다.
11 정직한 사람이 축복하
면 마을이 흥하고, 악
한 사람이 입을 열면
마을이 망한다.
12 지혜가 없는 사람은 이

단어

진노(11:4) 존엄한 존재가 크게 노함.
반역하다(11:6) 믿음을 저버리고 관계를 끊고 돌아서다.
물거품(11:7) 노력이나 시간의 축적이 한순간에 흔적 없이 사라져 헛되게 된 상태를 비유적으로 이르는 말.
환호하다(11:10) 기뻐서 큰 소리로 부르짖다.
흥하다(11:11) 잘되어 번성하다.

웃을 비웃지만, 명철한
사람은 침묵을 지킨다.
13 험담하며 돌아다니는
사람은 남의 비밀을 새
게 하지만, 마음이 믿
음직한 사람은 비밀을
지킨다.
14 지도자가 없으면 백성
이 망하지만, 참모가
많으면 평안을 누린다.
15 모르는 사람의 보증을
서면 고통을 당하지만,
보증 서기를 거절하면
안전하다.
16 덕이 있는 여자는 존경
을 받고, 부지런한 남
자는 재물을 얻는다.
17 인자한 사람은 자기의
생명을 이롭게 하고, 잔
인한 사람은 자기의 몸
을 해친다.
18 악인에게 돌아오는 삯
은 헛것이지만, 정의를
심는 사람은 참 보상을
받는다.
19 정의에 굳게 서는 사람
은 생명에 이르지만, 악
을 따르는 사람은 죽음
에 이른다.
20 주님은 마음이 비뚤어
진 사람은 미워하시지
만, 올바른 길을 걷는
사람은 기뻐하신다.
21 악인은 틀림없이 벌을

단어

험담하다(11:13) 잘못된 점이나 흉이 될 만한 것을 찾아내어 말하다.
참모(11:14) 어떤 일의 주도자의 곁에서 활동하는 지략이 뛰어난 사람.
보증(11:15) 돈이나 물건 등을 빌린 사람이 그것을 갚지 않을 경우 그 사람을 대신해 갚아야 하는 일.

받지만, 의인의 자손은
반드시 구원을 받는다.
22 아름다운 여인이 삼가
지 아니하는 것은 돼지
코에 금고리 격이다.
23 의인이 바라는 것은 좋
은 일뿐이지만, 악인이
기대할 것은 진노뿐이다.
24 남에게 나누어 주는데
도 더욱 부유해지는 사
람이 있는가 하면, 마
땅히 쓸 것까지 아끼는
데도 가난해지는 사람
이 있다.
25 남에게 베풀기를 좋아
하는 사람이 부유해 지
고, 남에게 마실 물을
주면, 자신도 갈증을
면한다.
26 곡식을 저장하여 두기
만 하는 사람은 백성에
게 저주를 받고, 그것
을 내어 파는 사람에게
는 복이 돌아온다.
27 좋은 일을 애써 찾으면
은총을 받지만, 나쁜
일을 애써 추구하면 나
쁜 것을 되받는다.
28 자기의 재산만을 믿는
사람은 넘어지지만, 의
인은 푸른 나뭇잎처럼
번성한다.
29 자기 집을 해치는 사람
은 바람만 물려받을 것

단어

삼가다(11:22) 말이나 행동을 조심스럽게 가려 하거나 하기를 꺼리다.
부유하다(11:24) 재물이나 살림이 넉넉하고 풍부하다.
은총(11:27) 높은 사람에게 받는 특별한 은혜와 사랑. 하나님께 받는 사랑.
번성하다(11:28) 일이나 세력이 커지고 잘되다.

이요, 어리석은 사람은
마음이 지혜로운 사람
의 종이 될 것이다.
30 의인이 받는 열매는 생
명의 나무요, 폭력을
쓰는 사람은 생명을 잃
는다.
31 의인이 이 땅에서 한
대로 보상을 받는데,
악인과 죄인이 그 값을
치르지 않겠는가?

12장 악인과 의인의 말을 비교하고 그 결과까지 자세히 설명해주고 있습니다. 의인과 악인은 생각부터 다르며, 말을 통해 공동체와 다른 사람에게 끼치는 영향도 다릅니다. 악인의 말은 비수처럼 자신과 남에게 상처를 주고, 의인의 말은 생명을 구하고 아픈 곳을 낫게 합니다.

악의 그늘에 못 숨는다

1 훈계받기를 좋아하는
사람은 지식을 사랑하
지만, 책망받기를 싫어
하는 사람은 짐승같이
우둔하다.
2 선한 사람은 주님으로
부터 은총을 받지만,
악을 꾀하는 사람은 정
죄를 받는다.
3 사람은 악행으로 터를
굳게 세울 수 없지만,
의인의 뿌리는 흔들리
지 않는다.
4 어진 아내는 남편의 면
류관이지만, 욕을 끼치
는 아내는 남편의 뼛속
을 썩게 한다.
5 의인의 생각은 곧지만,

단어

보상(11:31) 여기에서는 신실한 하나님의 백성들에게 주어지는 하나님의 은혜의 표현, 즉 상급의 의미.
훈계(12:1) 잘못하지 않도록 타일러 주의시킴.
우둔하다(12:1) 어리석고 둔하다.
면류관(12:4) 영예의 의미로 높은 위치의 성직자나 운동 경기의 승리자들에게 주었던 관을 가리킨다.

악인의 궁리는 속임수
뿐이다.
6 악인이 하는 말은 피
흘릴 음모뿐이지만, 정
직한 사람의 말은 사람
을 구하여 낸다.
7 악인은 쓰러져서 사라
지지만, 의인의 집은 든
든히 서 있다.
8 사람은 그 지혜대로 칭
찬을 받지만 마음이 비
뚤어진 사람은 멸시를
받는다.
9 업신여김을 받더라도
종을 부리는 사람은,
스스로 높은 체하면서
먹을 빵이 없는 사람보
다 낫다.
10 의인은 집짐승의 생명
도 돌보아 주지만, 악인
은 자비를 베푼다고 하
여도 잔인하다.
11 밭을 가는 사람은 먹을
것이 넉넉하지만, 헛된
것을 꿈꾸는 사람은 지
각이 없다.
12 악인은 불의한 이익을
탐하지만, 의인은 그 뿌
리로 말미암아 열매를
맺는다.
13 악인은 입술을 잘못 놀
려 덫에 걸리지만, 의인
은 재난에서 벗어난다.
14 사람은 열매 맺는 말을

단어

궁리(12:5) 일을 처리하거나 개선하기 위하여 마음 속으로 이리저리 따져 깊이 생각함.
음모(12:6) 남모르게 나쁜 일을 꾸밈.
멸시(12:8) 얕잡아보고 하찮게 여겨 깔봄.
업신여기다(12:9) 교만한 마음으로 얕잡아 보다.
자비(12:10) 크게 사랑하고 가엾게 여김.

하여 좋은 것을 넉넉하
게 얻으며, 자기가 손
수 일한 만큼 되돌려
받는다.
15 어리석은 사람은 자신의
행실만이 옳다고 여기
지만, 지혜로운 사람은
충고에 귀를 기울인다.
16 미련한 사람은 쉽게 화
를 내지만, 슬기로운 사
람은 모욕을 참는다.
17 진실을 말하는 사람은
정직한 증거를 보이지
만, 거짓 증인은 속임수
만 쓴다.
18 함부로 말하는 사람의
말은 비수 같아도, 지
혜로운 사람의 말은 아
픈 곳을 낫게 하는 약
이다.
19 진실한 말은 영원히 남
지만, 거짓말은 한순간
만 통할 뿐이다.
20 악을 꾀하는 사람의
마음에는 속임수가 들
어 있지만, 평화를 꾀
하는 사람에게는 기쁨
이 있다.
21 의인은 아무런 해도 입
지 않지만, 악인은 재
난에 파묻혀 산다.
22 주님은 거짓말을 하는
입술은 미워하시지만,
진실하게 사는 사람은

단어

놀리다(12:13) 신체의 일부를 이리저리 움직이다.
행실(12:15) 일상생활에서 실지로 드러나는 행동이나 몸가짐.
모욕(12:16) 업신여겨 욕되게 함.
비수(12:18) 날이 매우 날카롭고 길이가 짧은 칼.
파묻히다(12:21) 보이지 않게 묻히어지다.

기뻐하신다.
23 슬기로운 사람은 지식
을 감추어 두어도, 미
련한 사람의 마음은 어
리석음을 전파한다.
24 부지런한 사람의 손은
남을 다스리지만, 게으
른 사람은 남의 부림을
받는다.
25 마음에 근심이 있으면
번민이 일지만, 좋은 말
한 마디로도 사람을 기
쁘게 할 수 있다.
26 의인은 이웃에게 바른
길을 보여 주지만, 악
인은 이웃을 나쁜 길로
빠져 들게 한다.
27 게으른 사람은 사냥한
것도 불에 구우려 하지
않지만, 부지런한 사람
은 귀한 재물을 얻는다.
28 의로운 사람의 길에는
생명이 있지만, 미련한
사람의 길은 죽음으로
이끈다.

13장 의인과 악인을 대조하며 하나님의 말씀과 부모의 훈계를 잘 듣는 자세가 중요함을 강조합니다. 지혜로운 의인은 충고와 훈계를 겸손하게 잘 듣고 받아들여 더욱 성숙해집니다. 반면에 어리석고 교만한 악인은 꾸지람을 듣지 않고 점점 더 악한 길로 갑니다.

지혜 있는 친구를 사귀어라

1 지혜로운 아들딸들은
아버지의 가르침을 듣
지만, 거만한 사람은 꾸
지람을 듣지 않는다.

단어

전파하다(12:23) 널리 전하여 퍼뜨리다.
부리다(12:24) 사람이 가축이나 다른 사람을 몰아서 일을 시키다.
근심(12:25) 해결되지 않은 일 때문에 속을 태우거나 우울해 함.
번민(12:25) 마음이 답답하여 괴로워함.

2 선한 사람은 열매 맺는
말을 하여 좋은 것을 넉
넉하게 얻지만, 반역자
는 폭행을 당할 뿐이다.
3 말을 조심하는 사람은
자신의 생명을 보존하
지만, 입을 함부로 여
는 사람은 자신을 파멸
시킨다.
4 게으른 사람은 아무리
바라는 것이 있어도 얻
지 못하지만, 부지런한
사람의 마음은 바라는
것을 넉넉하게 얻는다.
5 의인은 거짓말하기를
싫어하지만, 악인은 염
치도 없이 수치스러운
일을 한다.
6 흠 없이 사는 사람의
의는 그의 길을 지켜
주지만, 죄인의 악은 그
를 망하게 한다.
7 부자인 체하나 아무것
도 없는 사람이 있는가
하면, 가난한 체하나
많은 재물을 가진 사람
이 있다.
8 부유한 사람은 재물로
자기 목숨을 속하기도
하지만, 가난한 사람은
협박을 받을 일이 없다.
9 의인의 빛은 밝게 빛나
지만, 악인의 등불은
꺼져 버린다.

단어

거만하다(13:1) 잘난 체하며 남을 업신여기고 건방지다.
반역자(13:2) 업신여겨 욕되게 함.
파멸(13:3) 돌이킬 수 없을 정도로 파괴되어 멸망함.
염치(13:5) 체면을 생각하거나 부끄러움을 아는 마음.
협박(13:8) 남에게 어떤 일을 행하도록 말과 행동으로 겁을 주며 위협함.

10 교만에서는 다툼만 일
어날 뿐이다. 지혜 있는
사람은 충고를 받아들
인다.
11 쉽게 얻은 재산은 줄어
드나, 손수 모은 재산
은 늘어난다.
12 소망이 이루어지지 않
으면 마음이 병들지만,
소원이 이루어지면 생
명나무를 얻는다.
13 말씀을 멸시하는 사람
은 스스로 망하지만,
계명을 두려워하는 사
람은 상을 받는다.
14 지혜 있는 사람의 가르
침은 생명의 샘이니, 죽
음의 그물에서 벗어나
게 한다.
15 선한 지혜는 은혜를 베
푸나, 배신자의 길은 스
스로 멸망하는 길이다.
16 영리한 사람은 잘 알고
행동하지만, 미련한 사
람은 어리석음만을 드
러낸다.
17 못된 전령은 사람을 재
앙에 빠지게 하지만, 충
직한 사신은 재앙을 물
리치는 일을 한다.
18 훈계를 저버리면 가난
과 수치가 닥치지만, 꾸
지람을 받아들이면 존
경을 받는다.

단어

충고(13:10) 남의 잘못과 허물을 진심으로 타이름.
손수(13:11) 직접 자기 손으로.
계명(13:13) 종교에서 반드시 지켜야 할 조건. 여기에서는 하나님의 말씀.
영리하다(13:16) 눈치가 빨라 민첩하고 똑똑하다.
전령(13:17) 명령을 듣고 전하는 사람.

19 소원이 이루어지면 마
음이 즐겁지만, 미련한
사람은 악에서 떠나기
를 싫어한다.
20 지혜로운 사람과 함께
다니면 지혜를 얻지만,
미련한 사람과 사귀면
해를 입는다.
21 죄인에게는 재앙이 따
르지만, 의인에게는 좋
은 보상이 따른다.
22 선한 사람의 유산은 자
손 대대로 이어지지만,
죄인의 재산은 의인에
게 주려고 쌓은 것이다.
23 가난한 사람이 경작한
밭에서는 많은 소출이
날 수도 있으나, 불의가
판을 치면 그에게 돌아
갈 몫이 없다.
24 매를 아끼는 것은 자식
을 사랑하지 않는 것이
다. 자식을 사랑하는
사람은 훈계를 게을리
하지 않는다.
25 의인은 배불리 먹지만,
악인은 배를 주린다.

14장 지혜로운 사람과 어리석은 사람, 슬기로운 사람과 미련한 사람, 선을 계획하는 사람과 악을 꾀하는 사람을 계속해서 대조합니다. 주님을 경외하며 지혜롭게 행하는 사람은 하나님과 다른 사람에게 칭찬과 인정을 받고 어려움이 와도 피할 길을 얻습니다.

지혜가 주는 유익

1 지혜로운 여자는 집을
세우지만, 어리석은 여

단어

해(13:20) 사람이나 사물에 끼치는 나쁜 영향.
대대로(13:22) 여러 대에 걸쳐서.
경작하다(13:23) 땅을 갈아 곡식이나 채소 따위를 심어 가꾸다.
판을 치다(13:23) 무엇이 어떤 일이나 장소에 마음껏 극성을 부리다.

자는 제 손으로 집을
무너뜨린다.
2 바른길을 걷는 사람은
주님을 경외하지만, 그
릇된 길을 걷는 사람은
주님을 경멸한다.
3 미련한 사람의 말은 교
만하여 매를 자청하지
만, 지혜로운 사람의
말은 그를 지켜 준다.
4 소가 없으면 구유는 깨
끗하지만, 소가 힘을 쓰
면 소출이 많아진다.
5 진실한 증인은 거짓말
을 아니하여도, 거짓 증
인은 거짓말을 뱉는다.
6 거만한 사람은 지혜를
구해도 얻지 못하지만,
명철한 사람은 쉽게 지
식을 얻는다.
7 미련한 사람의 앞을 떠
나라. 네가 그의 말에
서 지식을 배우지 못할
것이다.
8 슬기로운 사람의 지혜
는 자기가 가는 길을
깨닫게 하지만, 미련한
사람의 어리석음은 자
기를 속인다.
9 어리석은 사람은 속죄
제사를 우습게 여기지
만, 정직한 사람은 하나
님의 은총을 누린다.
10 마음의 고통은 자기만

단어

자청하다(14:3) 하겠다고 스스로 청하다.
소출(14:4) 논밭에서 생산되는 곡식의 양.
속죄제사(14:9) 지은 죄를 용서받기 위해 하나님께 드리는 제사.
은총(14:9) 높은 사람에게 받는 특별한 은혜와 사랑. 하나님께 받는 사랑.

알고, 마음의 기쁨도
남이 나누어 가지지 못
한다.
11 악한 사람의 집은 망하
고, 정직한 사람의 장
막은 흥한다.
12 사람의 눈에는 바른길
같이 보이나, 마침내는
죽음에 이르는 길이 있
다.
13 웃어도 마음이 아플 때
가 있고, 즐거워도 끝에
가서 슬플 때가 있다.
14 마음이 비뚤어진 사람
은 자기가 한 만큼 보
응을 받고, 선한 사람
도 자기가 한 만큼 보
응을 받는다.
15 어수룩한 사람은 모든
말을 다 믿지만, 슬기
로운 사람은 행동을 삼
간다.
16 지혜 있는 사람은 두려
워할 줄 알아서 악을
피하지만, 미련한 사람
은 자신만만해서 조심
할 줄을 모른다.
17 성을 잘 내는 사람은
어리석은 일을 하고, 음
모를 꾸미는 사람은 미
움을 받는다.
18 어수룩한 사람은 어수
룩함을 유산으로 삼지
만, 슬기로운 사람은

단어

보응(14:14) 원인과 결과에 따라 갚음을 받게 됨.
어수룩하다(14:15) 겉모습이나 언행이 치밀하지 않고 순진하며 어설픈 데가 있다.
자신만만하다(14:16) 사람이나 그 태도가 매우 자신이 있다.
유산(14:18) 죽은 사람이 남기고 간 재물.

지식을 면류관으로 삼
는다.
19 악인은 선한 사람 앞에
엎드리고, 불의한 사람
은 의인의 문 앞에 엎드
린다.
20 가난한 사람은 이웃에
게도 미움을 받지만,
부자에게는 많은 친구
가 따른다.
21 이웃을 멸시하는 사람
은 죄를 짓는 사람이지
만, 가난한 사람에게
은혜를 베푸는 사람은
복이 있는 사람이다.
22 악을 꾀하는 사람은 길
을 잘못 가는 것이나,
선을 계획하는 사람은
인자와 진리를 얻는다.
23 모든 수고에는 이득이
있는 법이지만, 말이 많
으면 가난해질 뿐이다.
24 지혜는 지혜 있는 사람
의 면류관이지만 어리
석음은 미련한 사람의
화환이다.
25 증인이 진실을 말하면
남의 생명을 건지지만,
증인이 위증을 하면 배
신자가 된다.
26 주님을 경외하면 강한
믿음이 생기고, 그 자
식들에게도 피난처가
생긴다.

단어

면류관(14:18) 영예의 의미로 높은 위치의 성직자나 운동 경기의 승리자들에게 주었던 관을 가리킨다.
진리(14:22) 참된 이치. 또는 참된 도리.
위증(14:25) 거짓으로 증명함. 또는 그 거짓 증거.
경외하다(14:26) 두려운 마음으로 공경하다.
피난처(14:26) 근심, 고통, 위험에서 피할 수 있는 곳.

27 주님을 경외하는 것이
생명의 샘이니, 죽음의
그물에서 벗어나게 한다.
28 백성이 많은 것은 왕의
영광이지만, 백성이 적
은 것은 통치자의 몰락
이다.
29 좀처럼 성을 내지 않는
사람은 매우 명철한 사
람이지만, 성미가 급한
사람은 어리석음만을
드러낸다.
30 마음이 평안하면 몸에
생기가 도나, 질투를 하
면 뼈까지 썩는다.
31 가난한 사람을 억압하
는 것은 그를 지으신
분을 모욕하는 것이지
만, 궁핍한 사람에게
은혜를 베푸는 것은 그
를 지으신 분을 공경하
는 것이다.
32 악한 사람은 자기의 악
행 때문에 넘어지지만,
의로운 사람은 죽음이
닥쳐도 피할 길이 있다.
33 지혜는 명철한 사람의
마음에 머물고, 미련한
사람 마음에는 알려지
지 않는다.
34 정의는 나라를 높이지
만, 죄는 민족을 욕되
게 한다.
35 슬기로운 신하는 왕의

단어

좀처럼(14:29) 부정하는 말과 함께 쓰여, 웬만해서는 어떤 행동을 하지 않음 또는 쉽게 어떤 일이 일어나지 않음을 나타내는 말.

성미(14:29) 사람이 갖고 있는 본연의 성품이나 비위.

억압하다(14:30) 기를 펴지 못하도록 인간의 행동이나 자유 등을 강제로 억누르다.

총애를 받지만, 수치스러운 일을 하는 신하는 왕의 분노를 산다.

15장 계속 이어서 대조적인 두 부류의 특징을 말하며 교훈합니다. 하나님께서는 악한 사람과 선한 사람을 모두 지켜보시며, 그들의 언행과 마음가짐을 살피심을 강조합니다. 말을 통해 베풀 수 있는 유익과 더불어 마음과 감정을 잘 다루는 사람의 유익을 설명하고 있습니다.

주님께서 보고 계신다

1 부드러운 대답은 분노를 가라앉히지만, 거친 말은 화를 돋운다.

2 지혜로운 사람의 혀는 좋은 지식을 베풀지만, 미련한 사람의 입은 어리석은 말만 쏟아낸다.

3 주님의 눈은 어느 곳에서든지, 악한 사람과 선한 사람을 모두 지켜보신다.

4 따뜻한 말은 생명나무와 같지만, 가시돋힌 말은 마음을 상하게 한다.

5 어리석은 사람은 자기 아버지의 훈계를 업신여기지만, 명철한 사람은 아버지의 책망을 간직한다.

6 의인의 집에는 많은 재물이 쌓이나, 악인의 소득은 고통을 가져 온다.

7 지혜로운 사람의 입술은 지식을 전파하지만, 미련한 사람의 마음에는 그러한 생각이 없다.

단어

총애(14:35) 유난히 귀여워하고 사랑함.
분노(15:1) 매우 분함을 느껴 크게 화를 냄.
돋우다(15:1) 감정이나 기운을 강하게 불러일으키다.
훈계(15:5) 잘못하지 않도록 타일러 주의시킴.
소득(15:6) 어떤 일의 결과로 얻은 이익.
전파하다(15:7) 널리 전하여 퍼뜨리다.

8 악한 사람의 제사는 주
님께서 역겨워하시지만,
정직한 사람의 기도는
주님께서 기뻐하신다.
9 악한 사람의 길은 주님
께서 싫어하시지만, 정
의를 따르는 사람은 주
님께서 사랑하신다.
10 옳은 길을 저버리는 사
람은 엄한 징계를 받
고, 책망을 싫어하는
사람은 죽임을 당할 것
이다.
11 '죽음'과 '파멸'도 주님
앞에서 드러나거늘, 사
람의 마음이야 더욱 그
러하지 않겠는가!
12 거만한 사람은 자기를
책망하는 사람을 좋아
하지 않으며, 지혜 있는
사람을 찾아가지도 않
는다.
13 즐거운 마음은 얼굴을
밝게 하지만, 근심하는
마음은 너를 상하게
한다.
14 명철한 사람의 마음은
지식을 찾지만, 미련한
사람의 입은 어리석음
을 즐긴다.
15 고난받는 사람에게는
모든 날이 다 불행한
날이지만, 마음이 즐거
운 사람에게는 모든 날

단어

제사(15:8) 구약 시대에 하나님께 제물을 잡아 드리는 일.
엄하다(15:10) 매우 철저하고 위엄이 있다.
파멸(15:11) 돌이킬 수 없을 정도로 파괴되어 멸망함.
근심하다(15:13) 해결되지 않은 일 때문에 속을 태우거나 우울해 하다.

이 잔칫날이다.
16 재산이 적어도 주님을
경외하며 사는 것이, 재
산이 많아서 다투며 사
는 것보다 낫다.
17 서로 사랑하며 채소를
먹고 사는 것이, 서로
미워하며 기름진 쇠고
기를 먹고 사는 것보다
낫다.
18 화를 쉽게 내는 사람
은 다툼을 일으키지만,
성을 더디 내는 사람은
싸움을 그치게 한다.
19 게으른 사람의 길은 가
시덤불로 덮여 있는 것
같지만, 부지런한 사람
의 길은 확 트인 큰길
과 같다.
20 지혜로운 아들은 아버
지를 기쁘게 하지만, 미
련한 아들은 어머니를
업신여긴다.
21 생각이 모자라는 사람
은 미련함을 즐기지만,
명철한 사람은 길을 바
로 걷는다.
22 의논 없이 세워진 계획
은 실패하지만, 조언자
들이 많으면 그 계획이
이루어진다.
23 적절한 대답은 사람을
기쁘게 하니, 알맞은
말이 제때에 나오면 참

단어

성(15:18) 노하거나 언짢아 울컥 치밀어 오르는 감정.
더디(15:18) 시간의 흐름이나 속도 따위가 느리게.
업신여기다(15:20) 교만한 마음으로 얕잡아 보다.
의논(15:22) 어떤 문제에 대해 서로 의견을 주고받음.
조언자(15:22) 도움이 되는 말을 해 주는 사람.
적절하다(15:23) 정도나 기준에 꼭 알맞다.

즐겁다.
24 슬기로운 사람이 걷는
생명의 길은 위쪽으로
나 있어서, 아래로 난
스올 길을 벗어난다.
25 주님은 거만한 사람의
집을 헐어 버리시지만,
과부가 사는 곳의 경계
선은 튼튼히 세워 주
신다.
26 악한 사람의 꾀는 주
님께서 역겨워하시지
만, 친절한 사람의 말
은 정결한 제물처럼 받
으신다.
27 불의한 이익을 탐내는
사람은 자기 집에 해를
끼치지만, 뇌물을 거절
하는 사람은 오래 산다.
28 의인의 마음은 대답할
말을 깊이 생각하지만,
악인의 입은 악한 말을
쏟아낸다.
29 주님은 악인을 멀리하
시지만, 의인의 기도는
들어주신다.
30 밝은 얼굴은 사람을 기
쁘게 하고, 좋은 소식
은 사람을 낫게 한다.
31 목숨을 살리는 책망에
귀 기울이는 사람은 지
혜로운 사람들 사이에
자리를 잡는다.
32 훈계를 싫어하는 사람

단어

스올(15:24) 죽어서 가는 장소. 음부, 무덤, 지옥으로 번역되기도 한다.
과부(15:25) 남편이 죽어서 혼자 사는 여자.
정결하다(15:26) 순수하고 깨끗하다.
뇌물(15:27) 자기 이익을 얻기 위해 몰래 주는 정당하지 못한 돈이나 물건.

은 자기 생명을 가볍게
여기는 사람이지만, 책
망을 잘 듣는 사람은
지식을 얻는 사람이다.
33 주님을 경외하라는 것
은 지혜가 주는 훈계
이다. 겸손하면 영광이
따른다.

16장 개개인의 인간관계부터 왕이 돌보는 나라의 일까지 어떻게 처리해야 하는지를 설명해주고 있습니다. 크고 작은 모든 일을 다루기에 앞서 가장 중요한 것은 모든 행사를 여호와께 맡기는 것입니다. 삶과 세상의 모든 일은 하나님께서 주관하시기 때문입니다.

주님께서 결정하신다

1 계획은 사람이 세우지
만, 결정은 주님께서 하
신다.
2 사람의 행위는 자기 눈
에는 모두 깨끗하게 보
이나, 주님께서는 속마
음을 꿰뚫어 보신다.
3 네가 하는 일을 주님께
맡기면, 계획하는 일이
이루어질 것이다.
4 주님께서는 모든 것을
그 쓰임에 알맞게 만드
셨으니, 악인은 재앙의
날에 쓰일 것이다.
5 주님께서는 마음이 거
만한 모든 사람을 역겨
워하시니, 그들은 틀림
없이 벌을 받을 것이다.
6 사람이 어질고 진실하
게 살면 죄를 용서받
고, 주님을 경외하면 재

단어

행위(16:2) 사람이 의지를 가지고 행하는 짓.
꿰뚫다(16:2) 훤히 잘 알다.
재앙(16:4) 뜻하지 않게 생긴 불행한 일. 또는 천재지변으로 생긴 불행한 사고.
역겹다(16:5) 속에 구역질이 날 만큼 거슬리게 싫다.
어질다(16:6) 너그럽고 덕행이 높다.

앙을 피할 수 있다.
7 사람의 행실이 주님을
기쁘시게 하면, 그의
원수라도 그와 화목하
게 하여 주신다.
8 의롭게 살며 적게 버는
것이, 불의하게 살며 많
이 버는 것보다 낫다.
9 사람이 마음으로 자기
의 앞길을 계획하지만,
그 발걸음을 인도하시
는 분은 주님이시다.
10 왕이 내리는 판결은 하
나님의 판결이니, 판결
할 때에 그릇된 판결을
내리지 않는다.
11 정확한 저울과 천평은
주님의 것이며, 주머니
속의 저울추도 다 그분
이 만드신 것이다.
12 왕은 악행을 하는 것을
역겨워하여야 한다. 공
의로만 왕위가 굳게 설
수 있기 때문이다.
13 왕은 공의로운 말을 하
는 것을 기쁘게 여겨야
하고, 올바른 말하기를
좋아하여야 한다.
14 왕의 진노는 저승사자
와 같지만, 지혜로운 사
람은 왕의 진노를 가라
앉힌다.
15 왕의 얼굴빛이 밝아야
모두 살 수 있다. 그의

단어

원수(16:7) 원한이 맺힐 정도로 자기에게 해를 끼친 사람이나 집단.
판결(16:10) 일의 옳고 그름이나 좋고 나쁨을 판단하여 결정함.
천평(16:11) 두 개의 저울판에 각각 물건과 추를 올려 평평하게 만들어 무게를 재는 양팔 저울.

기쁨은 봄비를 몰고 오
는 구름과 같다.
16 지혜를 얻는 것이 금을
얻는 것보다 낫고, 명철
을 얻는 것이 은을 얻
는 것보다 낫다.
17 악을 떠나는 것은 정직
한 사람이 가는 큰길이
니, 그 길을 지키는 사
람은 자기의 생명을 지
킨다.
18 교만에는 멸망이 따르
고, 거만에는 파멸이
따른다.
19 겸손한 사람과 어울려
마음을 낮추는 것이,
거만한 사람과 어울려
전리품을 나누는 것보
다 낫다.
20 말씀에 따라 조심하며
사는 사람은 일이 잘
되고, 주님을 믿는 사
람은 행복하다.
21 마음이 지혜로운 사람
을 명철하다 한다. 말
이 부드러우면, 더욱 많
은 지혜를 가르친다.
22 명철한 사람에게는 그
명철함이 생명의 샘이
되지만, 어리석은 사람
에게는 그 어리석음이
벌이 된다.
23 마음이 지혜로운 사람
은 말을 신중하게 하

단어

전리품(16:19) 전쟁에서 얻은 이득으로서, 적에게서 빼앗은 물품.
신중하다(16:23) 가볍지 않고 조심스럽다.
꿀송이(16:24) 꿀이 들어있는 벌집.
몰아세우다(16:26) 잘잘못을 가리지도 않고 일방적으로 심하게 나무라다.

고, 하는 말에 설득력
이 있다.
24 선한 말은 꿀송이 같아
서, 마음을 즐겁게 하
여 주고, 쑤시는 뼈를
낫게 하여 준다.
25 사람의 눈에는 바른길
같이 보이나, 마침내는
죽음에 이르는 길이 있
다.
26 허기진 배가 일하게 만
들고 그 입이 사람을
몰아세운다.
27 불량한 사람은 악을 꾀
한다. 그들의 말은 맹렬
한 불과 같다.
28 비뚤어진 말을 하는 사
람은 다툼을 일으키고,
중상하는 사람은 친한
벗들을 이간시킨다.
29 폭력을 쓰는 사람은 그
이웃을 윽박질러서, 좋
지 않은 길을 가게 한다.
30 눈짓을 하는 사람은 그
릇된 일을 꾀하고, 음
흉하게 웃는 사람은 악
한 일을 저지른다.
31 백발은 영화로운 면류
관이니, 의로운 길을 걸
어야 그것을 얻는다.
32 노하기를 더디 하는 사
람은 용사보다 낫고, 자
기의 마음을 다스리는
사람은 성을 점령한 사

단어

맹렬하다(16:27) 기운이나 기세가 몹시 사납고 세차다.
중상하다(16:28) 근거가 없는 말로 헐뜯어 명예나 지위에 해를 입히다.
음흉하다(16:30) 겉과 달리 마음속이 엉큼하다.
점령하다(16:32) 무력이나 조직된 힘을 동원하여 차지하다.

람보다 낫다.

33 제비는 사람이 뽑지만,
결정은 주님께서 하신다.

17장 가난한 사람을 조롱하는 것, 뇌물을 주는 것, 비뚤어진 판단을 하는 것 등의 악한 행동에 대해 경고하고 있습니다. 다투기 좋아하고 악을 꾀하며 남의 재앙을 기뻐하는 사람은 주변 사람에게도 고통을 줍니다. 그런 사람과 함께 지내는 것보다는 가난해도 다른 사람과 화목한 것이 더 행복합니다.

주님께서 우리의 생각을 살피신다

1 마른 빵 한 조각을 먹
으며 화목하게 지내는
것이, 진수성찬을 가득
히 차린 집에서 다투며
사는 것보다 낫다.

2 슬기로운 종은 부끄러
운 일을 하는 주인집
아들을 다스리고, 그
집 자녀들과 함께 유산
을 나누어 받는다.

3 도가니는 은을, 화덕은
금을 단련하지만, 주님
께서는 사람의 마음을
단련하신다.

4 악을 행하는 사람은 사
악한 말에 솔깃하고,
거짓말을 하는 사람은
중상하는 말에 귀를 기
울인다.

5 가난한 사람을 조롱하
는 것은 그를 지으신
분을 모욕하는 것이다.
남의 재앙을 기뻐하는
사람은 형벌을 면하지
못한다.

6 손자는 노인의 면류관

단어

제비(16:33) 여럿 가운데 하나를 골라 거기에 미리 적어둔 내용에 따라 승부나 차례를 정하는 방법.
화목하다(17:1) 서로 뜻이 맞고 정답다.
도가니(17:3) 쇠붙이를 녹일 때 쓰는 오목한 기구.
면류관(17:6) 영예의 의미로 높은 위치의 성직자나 운동 경기의 승리자들에게 주었던 관을 가리킨다.

이요, 어버이는 자식의
영광이다.
7 거만한 말이 미련한 사
람에게는 안 어울린다.
하물며 거짓말이 통치
자에게 어울리겠느냐?
8 뇌물을 쓰는 사람의 눈
에는 뇌물이 요술 방망
이처럼 보인다. 어디에
쓰든 안 되는 일이 없다.
9 허물을 덮어 주면 사랑
을 받고, 허물을 거듭
말하면 친구를 갈라놓
는다.
10 미련한 사람을 백 번
매질하는 것보다 슬기
로운 사람을 한 번 징
계하는 것이 더 효과가
있다.
11 반역만을 꾀하는 악한
사람은 마침내 잔인한
사신의 방문을 받는다.
12 어리석은 일을 하는 미
련한 사람을 만나느니,
차라리 새끼 빼앗긴 암
곰을 만나라.
13 악으로 선을 갚으면, 그
의 집에서 재앙이 떠나
지 않는다.
14 다툼의 시작은 둑에서
물이 새어 나오는 것과
같으니, 싸움은 일어나
기 전에 그만두어라.
15 악인을 의롭다고 하거

단어

통치자(17:7) 국가를 도맡아 다스리는 사람.
뇌물(17:8) 자기 이익을 얻기 위해 몰래 주는 정당하지 못한 돈이나 물건.
허물(17:9) 저지른 잘못. 모자란 점이나 결점.
징계(17:10) 허물이나 잘못을 뉘우치도록 나무라며 경계함.

나, 의인을 악하다고
하는 것은, 둘 다 주님
께서 싫어하신다.
16 미련한 사람의 손에 돈
이 있은들, 배울 마음
이 없으니 어찌 지혜를
얻겠느냐?
17 사랑이 언제나 끊어지
지 않는 것이 친구이
고, 고난을 함께 나누
도록 태어난 것이 혈육
이다.
18 지각 없는 사람 서약
함부로 하고, 남의 빚
보증 잘 선다.
19 벌받기를 좋아하는 사
람은 싸우기를 좋아한
다. 패가망신을 원하는
사람은 집을 치장하기
를 좋아한다.
20 마음이 비뚤어진 사람
은 복을 얻지 못하고,
거짓말만 하는 혀를 가
진 사람은 재앙에 빠진
다.
21 미련한 자식을 둔 부모
는 걱정이 그칠 새가 없
고, 어리석은 자식을
둔 부모는 기쁨이 없다.
22 즐거운 마음은 병을 낫
게 하지만, 근심하는 마
음은 뼈를 마르게 한다.
23 악인은 가슴에 안겨 준
뇌물을 먹고서, 재판을

단어

혈육(17:17) 부모와 자식, 형제, 자매처럼 한 핏줄을 가진 사람.
함부로(17:18) 마음대로 마구.
보증(17:18) 돈이나 물건 등을 빌린 사람이 그것을 갚지 않을 경우 그 사람을 대신해 갚아야 하는 일.
패가망신(17:19) 재산을 다 써 없애고 신세를 망침.

그르친다.
24 슬기로운 사람의 눈은 지혜를 가까이에서 찾지만, 미련한 사람은 눈을 땅 끝에 둔다.
25 미련한 자식은 아버지의 근심이고, 어머니의 고통이다.
26 의로운 사람을 벌주는 것은 옳은 일이 아니다. 존귀한 사람을 정직하다고 하여 때리는 것도 바른 일이 아니다.
27 아는 것이 많은 사람은 말을 삼가고, 슬기로운 사람은 정신이 냉철하다.
28 어리석은 사람도 조용하면 지혜로워 보이고, 입술을 다물고 있으면 슬기로워 보인다.

18장 공동체 안에서의 지혜로운 생활을 설명합니다. 미련한 사람은 자기 욕심만 추구하며 닫힌 마음과 열린 입으로 공동체를 괴롭게 하고 다툼을 일으킵니다. 그러나 명철한 사람은 지식을 추구하고, 지혜의 샘에서 솟아오르는 듯한 말의 열매로 다른 사람의 마음을 채워주며 함께 살아갑니다.

죄를 옹호하는 것은 잘못이다

1 다른 사람과 어울리지 못하는 사람은 자기 욕심만 채우려 하고, 건전한 판단력을 가진 사람을 적대시한다.
2 미련한 사람은 명철을 좋아하지 않으며, 오직 자기 의견만을 내세운다.

단어

그르치다(17:23) 행동, 태도를 잘못해 어그러지게 하다.
존귀하다(17:26) 지위나 신분이 높고 귀하다.
삼가다(17:27) 말이나 행동을 조심스럽게 가려 하거나 하기를 꺼리다.
냉철하다(17:27) 감정에 치우치지 않고 사리에 밝다.
적대시하다(18:1) 상대를 적으로 여기다.

3 악한 사람이 오면 멸시가
뒤따르고, 부끄러운 일
뒤에는 모욕이 따른다.
4 슬기로운 사람의 입에
서 나오는 말은 깊은 물
과 같고, 지혜의 샘은
세차게 흐르는 강처럼
솟는다.
5 악인을 두둔하는 것과
재판에서 의인을 억울
하게 하는 일은 옳지
않다.
6 미련한 사람의 입술은
다툼을 일으키고, 그
입은 매를 불러들인다.
7 미련한 사람의 입은 자
기를 망하게 만들고,
그 입술은 올무가 되어
자신을 옭아맨다.
8 헐뜯기를 잘하는 사람
의 말은 맛있는 음식과
같아서, 뱃속 깊은 데
로 내려간다.
9 자기 일을 게을리하는
자는, 일을 망치는 자
와 형제간이다.
10 주님의 이름은 견고한
성루이므로, 의인이 그
곳으로 달려가면, 아무
도 뒤쫓지 못한다.
11 부자의 재산은 그의 견
고한 성이 되니, 그는
그것을 아무도 못 오를
높은 성벽처럼 여긴다.

단어

모욕(18:3) 업신여겨 욕되게 함.
두둔하다(18:5) 옳고 그름에 상관없이 편들어 주거나 허물 따위를 감싸 주다.
올무(18:7) 올가미나 덫 같은 사냥 기구.
헐뜯다(18:8) 해치려고 흠을 들추어내어 말하다.
성루(18:10) 적을 막기 위해 만든 요새.

12 사람의 마음이 오만하
면 멸망이 뒤따르지만,
겸손하면 영광이 뒤따
른다.
13 다 들어 보지도 않고
대답하는 것은, 수모를
받기에 알맞은 어리석
은 짓이다.
14 사람이 정신으로 병을
이길 수 있다지만, 그 정
신이 꺾인다면, 누가 그
를 일으킬 수 있겠느냐?
15 명철한 사람의 마음은
지식을 얻고, 지혜로운
사람의 귀는 지식을 구
한다.
16 선물은 사람이 가는 길
을 넓게 열어 주고, 그
를 높은 사람 앞으로
이끌어 준다.
17 송사에서는 먼저 말하
는 사람이 옳은 것 같
으나, 상대방이 와 보아
야 사실이 밝혀진다.
18 제비를 뽑으면 다툼이
끝나고, 강한 사람들
사이의 논쟁이 판가름
난다.
19 노엽게 한 친척과 가까
워지기는 견고한 성을
함락시키는 것보다 어
려우니, 그 다툼은 마
치 꺾이지 않는 성문의
빗장과 같다.

단어

오만하다(18:12) 사람이나 태도가 방자하고 잘난 체 하여 건방지다.
수모(18:13) 남에게 모욕을 당함.
송사(18:17) 법적인 판결을 법원에 요구함.
판가름나다(18:18) 판단되어 가리어지다.
빗장(18:19) 문을 닫고 가로질러 잠그는 막대기.

20 사람의 입에서 나오는
말의 열매가 사람의 배
를 채워 주고, 그 입술
에서 나오는 말의 결과
로 만족하게 된다.
21 죽고 사는 것이 혀의
힘에 달렸으니, 혀를 잘
쓰는 사람은 그 열매를
먹는다.
22 아내를 맞이한 사람은
복을 찾은 사람이요,
주님으로부터 은총을
받은 사람이다.
23 가난한 사람은 간절한
말로 구걸하지만, 부유
한 사람은 엄한 말로
대답한다.
24 친구를 많이 둔 사람은
해를 입기도 하지만 동
기간보다 더 가까운 친
구도 있다.

19장 일상생활에 드러나는 의인과 악인, 지혜로운 자와 어리석은 자의 차이점을 뚜렷이 대조합니다. 가난한 자에게 너그러운 마음과 인자한 태도를 가지며, 게으르지 말 것을 권합니다. 또한 지식의 말씀대로 하는 훈계와 충고를 받아들이면 마침내 지혜롭게 될 것을 강조합니다.

참는 것이 지혜

1 거짓말을 하며 미련하
게 사는 사람보다는,
가난해도 흠 없이 사는
사람이 낫다.
2 지식이 없는 열심은 좋
은 것이라 할 수 없고,
너무 서둘러도 발을 헛
디딘다.

단어

은총(18:22) 높은 사람에게 받는 특별한 은혜와 사랑. 하나님께 받는 사랑.

구걸하다(18:23) 남에게 돈이나 먹을 것을 거저 달라고 하다.

동기간(18:24) 형제자매 사이.

흠(19:1) 사람의 성격과 언행에 보이는 부족한 점.

3 사람은 미련해서 스스
로 길을 잘못 들고도,
마음 속으로 주님을 원
망한다.
4 재물은 친구를 많이 모
으나, 궁핍하면 친구도
떠난다.
5 거짓 증인은 벌을 피할
수 없고, 거짓말을 하
는 사람도 벌을 피할
길이 없다.
6 너그럽게 주는 사람에
게는 은혜 입기를 원하
는 사람이 많고, 선물
을 잘 주는 사람에게는
모두가 친구이다.
7 가난하면 친척도 그를
싫어하는데, 하물며 친
구가 그를 멀리하지 않
겠느냐? 뒤따라가며 말
을 붙이려 하여도, 아
무런 소용이 없다.
8 지혜를 얻는 사람은 자
기 영혼을 사랑하고,
명철을 지키는 사람은
복을 얻는다.
9 거짓 증인은 벌을 피할
수 없고, 거짓말을 하는
사람은 망하고 만다.
10 미련한 사람이 사치스
럽게 사는 것도 마땅하
지 않은데, 하물며 종
이 고관들을 다스리는
것이랴?

단어

궁핍하다(19:4) 일의 형편이나 그렇게 된 까닭을 말하고 도움을 청하다.
너그럽다(19:6) 사람이나 그 마음이 넓어 감싸 받아들이는 성질이 있다.
사치스럽다(19:10) 필요 이상의 돈이나 물건을 쓰며 자신의 분수에 지나친 생활을 하다.

11 노하기를 더디 하는 것
은 사람의 슬기요, 허
물을 덮어 주는 것은
그의 영광이다.
12 왕의 분노는 사자가 소
리지르는 것과 같고, 그
의 은혜는 풀 위에 내
리는 이슬과 같다.
13 미련한 아들은 아버지
에게 파멸을 가져다 주
고, 다투기를 잘하는
아내는 새는 천장에서
떨어지는 물과 같다.
14 집과 재물은 조상에게
서 물려받은 유산이지
만, 슬기로운 아내는 주
님께서 주신다.
15 게으른 사람은 깊은 잠
에 빠지고, 나태한 사
람은 굶주릴 것이다.
16 계명을 지키는 사람은
제 목숨을 지키지만,
자기 행실을 주의하지
않는 사람은 죽는다.
17 가난한 사람에게 은혜
를 베푸는 것은 주님께
꾸어드리는 것이니, 주
님께서 그 선행을 넉넉
하게 갚아 주신다.
18 네 아들을 훈계하여라.
그래야 희망이 있다. 그
러나 그를 죽일 생각은
품지 말아야 한다.
19 성격이 불 같은 사람은

단어

허물(19:11) 저지른 잘못. 모자란 점이나 결점.
파멸(19:13) 돌이킬 수 없을 정도로 파괴되어 멸망함.
나태하다(19:15) 사람이나 그 행동, 성격이 게으르고 느리다.
주의하다(19:16) 마음에 새겨 조심하다.
훈계하다(19:18) 잘못하지 않도록 타일러 주의시키다.

벌을 받는다. 네가 그를
구하여 준다고 해도 그
때뿐, 구하여 줄 일이
또 생길 것이다.
20 충고를 듣고 훈계를 받
아들여라. 그리하면 마
침내 지혜롭게 된다.
21 사람의 마음에 많은 계
획이 있어도, 성취되는
것은 오직 주님의 뜻뿐
이다.
22 사람에게서 바랄 것은
성실이다. 거짓말쟁이가
되느니, 차라리 가난뱅
이가 되는 것이 낫다.
23 주님을 경외하며 살면
생명을 얻는다. 그는 만
족스러운 생활을 하며,
재앙을 만나지 않는다.
24 게으른 사람은 밥그릇
에 손을 대고서도, 입에
떠 넣기를 귀찮아한다.
25 오만한 사람을 치면,
어수룩한 사람도 깨닫
는다. 명철한 사람을
꾸짖으면, 그가 지식을
얻는다.
26 아버지를 구박하고 어
머니를 쫓아내는 자식
은, 부끄러움과 수치를
끌어들이는 자식이다.
27 아이들아, 지식의 말씀
에서 벗어나게 하는 훈
계는 듣지 말아라.

단어

성취하다(19:21) 목적한 바를 이루어 내다.
성실(19:22) 정성스럽고 참됨.
경외하다(19:23) 두려운 마음으로 공경하다.
어수룩하다(19:25) 겉모습이나 언행이 치밀하지 않고 순진하며 어설픈 데가 있다.
구박하다(19:26) 못 견디게 괴롭히다.

28 악한 증인은 정의를 비
웃고, 악인의 입은 죄악
을 통째로 삼킨다.
29 오만한 사람에게는 심
판이 준비되어 있고, 미
련한 사람의 등에는 매
가 준비되어 있다.

20장 경건한 생활을 위한 교훈입니다. 첫째로 포도주나 독한 술, 다툼, 지나친 잠, 험담, 경솔한 서원 등을 삼가고 절제할 것을 가르치고 있습니다. 둘째로는 마음 속 깊은 곳까지 살피시는 하나님을 알고 그분의 주권을 온전히 믿고 순종할 것을 강조하고 있습니다.

금보다 귀한 지혜

1 포도주는 사람을 거만
하게 만들고, 독한 술
은 사람을 소란스럽게
만든다. 이것에 빠지는
사람은 누구든지 지혜
롭지 않다.
2 왕의 노여움은 사자의
부르짖음과 같으니, 그
를 노하게 하면 목숨을
잃는다.
3 다툼을 멀리하는 것이
자랑스러운 일인데도,
어리석은 사람은 누구
나 쉽게 다툰다.
4 게으른 사람은 제 철에
밭을 갈지 않으니, 추
수 때에 거두려고 하여
도 거둘 것이 없다.
5 사람의 생각은 깊은 물
과 같지만, 슬기로운 사
람은 그것을 길어 낸다.
6 스스로를 성실하다고

단어

비웃다(19:28) 빈정거리거나 업신여기는 투로 웃다.
심판(19:29) 어떤 일이나 상황, 문제 따위를 자세히 조사하여 잘잘못을 밝힘.
거만하다(20:1) 잘난 체하며 남을 업신여기고 건방지다.
추수(20:4) 가을에 익은 곡식을 거두어들임.
긷다(20:5) 두레박이나 바가지 따위로 퍼서 담다.

말하는 사람은 많으나,
누가 참으로 믿을 만한
사람을 만날 수 있느냐?
7 의인은 흠 없이 살며, 그
의 자손이 복을 받는다.
8 재판석에 앉은 왕은 모
든 악을 한눈에 가려
낸다.
9 누가 "나는 마음이 깨
끗하다. 나는 죄를 말
끔히 씻었다" 하고 말
할 수 있겠느냐?
10 규격에 맞지 않은 저울
추와 되는 모두 주님께
서 미워하시는 것이다.
11 비록 아이라 하여도 자
기 행위로 사람됨을 드
러낸다. 그가 하는 행
실을 보면, 그가 깨끗한
지 더러운지, 올바른지
그른지, 알 수 있다.
12 듣는 귀와 보는 눈, 이
둘은 다 주님께서 지으
셨다.
13 가난하지 않으려면 잠
을 좋아하지 말고, 먹거
리를 풍족히 얻으려면
깨어 있어라.
14 물건을 고를 때는 "나
쁘다, 나쁘다" 하지만,
사 간 다음에는 잘 샀
다고 자랑한다.
15 세상에 금도 있고 진주
도 많이 있지만, 정말

단어

흠(20:7) 사람의 성격과 언행에 보이는 부족한 점.
한눈(20:8) 한 번 얼핏 보거나 둘러봄.
규격(20:10) 재료의 치수, 모양, 질 등의 일정한 표준.
저울추(20:10) 저울대 한쪽에 걸거나 저울판에 올려놓는 일정한 무게의 쇠.
행위(20:11) 사람이 의지를 가지고 행하는 짓.

귀한 보배는 지각 있게
말하는 입이다.
16 남의 보증을 선 사람은
자기의 옷을 잡혀야 하
고, 모르는 사람의 보
증을 선 사람은 자기의
몸을 잡혀야 한다.
17 사람들은 속여서 얻은
빵이 맛있다고 하지만,
훗날에 그 입에 모래가
가득 찰 것이다.
18 계획은 사람들의 뜻을
모아서 세우고, 전쟁은
전략을 세워 놓고 하
여라.
19 험담하며 돌아다니는
사람은 남의 비밀을 새
게 하는 사람이니, 입
을 벌리고 다니는 사람
과는 어울리지 말아라.
20 부모를 저주하는 자식
은 암흑 속에 있을 때
에 등불이 꺼진다.
21 처음부터 빨리 모은 재
산은 행복하게 끝을 맺
지 못한다.
22 "악을 갚겠다" 하지 말
아라. 주님을 기다리
면, 그분이 너를 구원
하신다.
23 규격에 맞지 않은 저울
추는 주님께서 미워하
신다. 속이는 저울은
나쁜 것이다.

단어

보배(20:15) 아주 귀중하며 꼭 필요한 사람이나 자산을 비유적으로 이르는 말.
보증(20:16) 돈이나 물건 등을 빌린 사람이 그것을 갚지 않을 경우 그 사람을 대신해 갚아야 하는 일.
전략(20:18) 전쟁을 전반적으로 이끌어 가는 방법이나 책략.

24 사람의 발걸음은 주님
으로 말미암은 것이니
사람이 어찌 자기의 길
을 알 수 있겠느냐!
25 경솔하게 "이것은 거룩
하다" 하여 함부로 서
원하여 놓고, 나중에
생각이 달라지는 것은,
사람이 걸리기 쉬운 올
가미이다.
26 지혜로운 왕은 악인을
키질하며, 그들 위에 타
작기의 바퀴를 굴린다.
27 주님은 사람의 영혼을
환히 비추시고, 사람의
마음 속 깊은 곳까지
살펴보신다.
28 인자와 진리가 왕을 지
켜 주고, 정의가 그의
보좌를 튼튼하게 한다.
29 젊은이의 자랑은 힘이
요, 노인의 영광은 백발
이다.
30 상처가 나도록 때려야
악이 없어진다. 매는 사
람의 속 깊은 곳까지
들어간다.

21장 정의와 공평, 인자에 대한 내용입니다. 우리의 마음을 꿰뚫어 보시는 하나님 앞에서 정의를 행해야 합니다. 하나님은 정의와 공평을 지키며 사는 것을 제사보다 기뻐하십니다. 하나님의 정의가 실현될 때, 정의와 공평을 지키며 사는 의인은 기뻐하고, 심판으로 멸망할 악인은 절망합니다.

주님께서 이끄신다

1 왕의 마음은 흐르는 물
줄기 같아서 주님의 손

단어

경솔하다(20:25) 신중하거나 침착하지 못하고 가볍다.
서원하다(20:25) 하나님께 은혜를 구하고, 그 보답으로 어떤 선행을 하겠다고 맹세하는 일.
키질(20:26) 곡식을 키에 담아 키를 위아래로 흔들어 티나 검불을 날려 보내는 일. 또는 일이나 감정 따위를 부추겨 더욱 커지게 하는 일을 비유하는 표현.

안에 있다. 주님께서 원
하시는 대로 왕을 이끄
신다.
2 사람의 행위는 자기의
눈에는 모두 옳게 보이
나, 주님께서는 그 마
음을 꿰뚫어 보신다.
3 주님께서는 정의와 공
평을 지키며 사는 것을
제사를 드리는 일보다
더 반기신다.
4 거만한 눈과 오만한 마
음, 이러한 죄는 악인을
구별하는 표지이다.
5 부지런한 사람의 계획
은 반드시 이득을 얻지
만, 성급한 사람은 가
난해질 뿐이다.
6 속여서 모은 재산은,
너를 죽음으로 몰아넣
고, 안개처럼 사라진다.
7 악인의 폭력은 자신을
멸망으로 이끄니, 그가
바르게 살기를 거부하
기 때문이다.
8 죄인의 길은 구부러졌
지만, 깨끗한 사람의
행실은 올바르다.
9 다투기를 좋아하는 여
자와 넓은 집에서 함께
사는 것보다, 차라리
다락 한 구석에서 혼자
사는 것이 더 낫다.
10 악인은 마음에 악한 것

단어

꿰뚫다(21:2) 훤히 잘 알다.
제사(21:3) 구약 시대에 하나님께 제물을 잡아 드리는 일.
표지(21:4) 표시나 특징으로 어떤 사물을 다른 것과 구별하게 함. 또는 그 표시나 특징.
성급하다(21:5) 팔팔하고 매우 급하다.

만을 바라니, 가까운
이웃에게도 은혜를 베
풀지 못한다.
11 오만한 사람이 벌을 받
으면 어수룩한 사람이
깨닫고, 지혜로운 사람
이 책망을 받으면 지식
을 더 얻는다.
12 의로우신 하나님은 악
인의 집을 주목하시고,
그를 재앙에 빠지게 하
신다.
13 가난한 사람의 부르짖
음에 귀를 막으면, 자기
가 부르짖을 때에 아무
도 대답하지 않는다.
14 은밀하게 주는 선물은
화를 가라앉히고, 품 속
에 넣어 주는 뇌물은 격
한 분노를 가라앉힌다.
15 정의가 실현될 때에, 의
인은 기뻐하고, 악인은
절망한다.
16 슬기로운 길에서 빗나가
는 사람은 죽은 사람들
과 함께 쉬게 될 것이다.
17 향락을 좋아하는 사람
은 가난하게 되고, 술과
기름을 좋아하는 사람
도 부자가 되지 못한다.
18 악인은 의로운 사람 대
신에 치르는 몸값이 되
고, 사기꾼은 정직한
사람 대신에 치르는 몸

단어

어수룩하다(21:11) 겉모습이나 언행이 치밀하지 않고 순진하며 어설픈 데가 있다.
주목하다(21:12) 관심을 갖고 한 곳을 주의 깊게 보다.
은밀하다(21:14) 숨어 있어서 겉으로 드러나지 않다.
실현하다(21:15) 실제로 나타내거나 이루다.
향락(21:17) 쾌락을 누림.

값이 된다.
19 다투며 성내는 아내와
함께 사는 것보다, 광
야에서 혼자 사는 것이
더 낫다.
20 지혜 있는 사람의 집에
는 값진 보물과 기름이
있지만, 미련한 사람은
그것을 모두 탕진하여
버린다.
21 정의와 신의를 좇아서
살면, 생명과 번영과 영
예를 얻는다.
22 지혜로운 사람은 용사
들이 지키는 성에 올라
가서, 그들이 든든히 믿
는 요새도 무너뜨린다.
23 입과 혀를 지킬 수 있는
사람은, 역경 속에서도
자기의 목숨을 지킬 수
있다.
24 교만하고 건방진 사람
을 오만한 자라고 하는
데, 그런 사람은 우쭐대
며 무례하게 행동한다.
25 게으른 사람의 욕심이
스스로를 죽이기까지
하는 것은, 어떠한 일
도 제 손으로 하기를
싫어하기 때문이다.
26 악인은 온종일 탐하기
만 하지만, 의인은 아끼
지 않고 나누어 준다.
27 악인의 제물이 역겨운

단어

탕진하다(21:20) 재물이나 시간, 힘 등을 헛되이 써서 없애다.
신의(21:21) 믿음과 의리를 아울러 이르는 말.
번영(21:21) 번성하고 발전하여 영화롭게 됨.
요새(21:22) 적이 침입하지 못하도록 튼튼하게 만들어 놓은 군사적인 시설.

것이라면, 악한 의도로
바치는 것이야 더욱 그
렇지 않겠는가?
28 위증을 하는 사람의 증
언은 사라지지만, 사실
대로 말하는 사람의 증
언은 채택된다.
29 악한 사람은 얼굴이 뻔
뻔스러우나, 정직한 사
람은 자기의 행실을 잘
살핀다.
30 그 어떠한 지혜도, 명철
도, 계략도, 주님을 대
항하지 못한다.
31 전쟁을 대비하여 군마
를 준비해도, 승리는
오직 주님께 달려 있다.

22장 재물과 명예, 은·금과 은총, 교만과 겸손, 게으름과 성실 사이에서 지혜롭게 올바른 삶을 선택하도록 가르치고 있습니다. 또한 지혜의 말씀에 귀를 기울일 것과 자기가 맡은 일에 충성할 것을 당부하며, 하지 말아야 할 네 가지 행동들에 대해 설명합니다.

훈계의 가치… 서른 가지 교훈

1 많은 재산보다는 명예
를 택하는 것이 낫고,
은이나 금보다는 은총
을 택하는 것이 낫다.
2 부유한 사람과 가난한
사람이 다 함께 얽혀
서 살지만, 이들 모두
를 지으신 분은 주님
이시다.
3 슬기로운 사람은 재앙
을 보면 숨고 피하지만,
어수룩한 사람은 고집

단어

의도(21:27) 무엇을 이루려고 꾀함.
위증(21:28) 거짓으로 증명함. 또는 그 거짓 증거.
채택되다(21:28) 몇 가지 중에서 골라져 뽑히다.
계략(21:30) 어떤 일을 이루기 위한 꾀나 수단.
대항하다(21:30) 굽히거나 지지 않으려고 버티고 맞서다.

을 부리고 나아가다가
화를 입는다.
4 겸손한 사람과 주님을
경외하는 사람이 받을
보상은 재산과 영예와
장수이다.
5 마음이 비뚤어진 사람
의 길에는 가시와 올무
가 있으나, 자기 영혼을
지키는 사람은 그런 길
을 멀리한다.
6 마땅히 걸어야 할 그
길을 아이에게 가르쳐
라. 그러면 늙어서도 그
길을 떠나지 않는다.
7 가난하면 부자의 지배
를 받고, 빚지면 빚쟁이
의 종이 된다.
8 악을 뿌리는 사람은 재
앙을 거두고, 분노하여
휘두르던 막대기는 기
세가 꺾인다.
9 남을 잘 보살펴 주는
사람이 복을 받는 것
은, 그가 자기의 먹거리
를 가난한 사람에게 나
누어 주기 때문이다.
10 거만한 사람을 쫓아내
면 다툼이 없어지고,
싸움과 욕설이 그친다.
11 깨끗한 마음을 간절히
바라며 덕을 끼치는 말
을 하는 사람은, 왕의
친구가 된다.

단어

올무(22:5) 올가미나 덫 같은 사냥 기구. 여기서는 사람을 얽어매기 위해 꾸민 잔꾀를 말한다.
마땅히(22:6) 그렇게 하는 것이 이치로 보아 당연하게.
지배하다(22:7) 자기 뜻대로 복종시켜 다스리다.
덕(22:11) 도덕적, 윤리적 이상 실현을 위한 사려 깊고 인간적인 성품.

12 주님의 눈은 지식 있는
사람을 지켜 보시지만,
신의가 없는 사람의 말
은 뒤엎으신다.
13 게으른 사람은 핑계 대
기를 "바깥에 사자가
있다. 거리에 나가면 찢
겨 죽는다" 한다.
14 음행하는 여자의 입은
깊은 함정이니, 주님의
저주를 받는 사람이 거
기에 빠진다.
15 아이의 마음에는 미련
한 것이 얽혀 있으나,
훈계의 매가 그것을 멀
리 쫓아낸다.
16 이익을 탐해서, 가난한
사람을 학대하는 사람
과, 부자에게 자꾸 가져
다 주는 사람은, 가난
해질 뿐이다.
17 귀를 기울여서 지혜 있
는 사람의 말을 듣고,
나의 가르침을 너의 마
음에 새겨라.
18 그것을 깊이 간직하며,
그것을 모두 너의 입술
로 말하면, 너에게 즐거
움이 된다.
19 이는 네가 주님을 의뢰
하며 살도록 하려고 오
늘 내가 너에게 특별히
알려 주는 것이다.
20 내가 너에게, 건전한 충

단어

핑계(22:13) 어떤 일을 정당화하기 위하여 공연히 내세우는 구실.
함정(22:14) 빠져나오기 어려운 곤경이나 남을 해치기 위한 계략을 비유적으로 이르는 말.
학대하다(22:16) 정신적·육체적으로 괴롭히고 가혹하게 대하다.

고가 담긴 서른 가지 교훈을 써 주지 않았느냐?

21 이는 네가 진리의 말씀을 깨달아서, 너에게 묻는 사람에게 바른 대답을 할 수 있게 하려 함이다.

1

22 가난하다고 하여 그 가난한 사람에게서 함부로 빼앗지 말고, 고생하는 사람을 법정에서 압제하지 말아라.

23 주님께서 그들의 송사를 맡아 주시고, 그들을 노략하는 사람의 목숨을 빼앗으시기 때문이다.

2

24 성급한 사람과 사귀지 말고, 성을 잘 내는 사람과 함께 다니지 말아라.

25 네가 그 행위를 본받아서 그 올무에 걸려들까 염려된다.

3

26 이웃의 손을 잡고 서약하거나, 남의 빚에 보증을 서지 말아라.

27 너에게 갚을 것이 아무것도 없다면, 네가 누운 침대까지도 빼앗기지 않겠느냐?

단어

압제하다(22:22) 권력이나 폭력으로 남을 꼼짝 못하게 강제로 누르다.

노략하다(22:23) 떼를 지어 다니면서 빼앗아 가거나 잡아가다.

올무(22:25) 올가미나 덫 같은 사냥 기구. 여기서는 사람을 얽어매기 위해 꾸민 잔꾀를 말한다.

4

28 너의 선조들이 세워 놓
은 그 옛 경계표를 옮기
지 말아라.

5

29 자기 일에 능숙한 사람
을 네가 보았을 것이다.
그런 사람은 왕을 섬길
것이요, 대수롭지 않은
사람을 섬기지는 않을
것이다.

23장 탐욕과 육신의 즐거움을 멀리하고, 특히 음식과 술을 절제하도록 교훈합니다. 음식을 탐하는 사람은 간사하게 속이는 음식을 먹고 올무에 걸려들 수 있으며, 술에 빠진 사람은 판단력이 마비되어 재산을 탕진하고 까닭없이 사람들과 다툴 수 있다는 것을 경고하고 있습니다.

6

1 네가 높은 사람과 함께
앉아 음식을 먹게 되거
든, 너의 앞에 누가 앉
았는지를 잘 살펴라.
2 식욕이 마구 동하거든,
목에 칼을 대고서라도
억제하여라.
3 그가 차린 맛난 음식에
욕심을 내지 말아라.
그것은 너를 꾀려는 음
식이다.

7

4 부자가 되려고 애쓰지
말고, 그런 생각을 끊
어 버릴 슬기를 가져라.
5 한순간에 없어질 재물
을 주목하지 말아라.
재물은 날개를 달고,

단어

경계표(22:28) 지역의 경계를 나타내는 표지.
능숙하다(22:29) 막히거나 서툴지 않고 익숙하다.
대수롭다(22:29) 대단하거나 중요하게 여길 만하다.
동하다(23:2) 사람이나 마음, 욕구 따위가 강하게 일어나다.
억제하다(23:2) 성하지 않도록 억지로 내리누르다.

독수리처럼 하늘로 날
아가 버린다.

8

6 너는 인색한 사람의 상
에서 먹지 말고, 그가
즐기는 맛난 음식을 탐
내지 말아라.
7 무릇 그 마음의 생각
이 어떠하면 그의 사람
됨도 그러하니, 그가 말
로는 '먹고 마셔라' 하여
도, 그 속마음은 너를
떠나 있다.
8 네가 조금 먹은 것조차
토하겠고, 너의 아첨도
헛된 데로 돌아갈 것
이다.

9

9 미련한 사람의 귀에는
아무 말도 하지 말아
라. 그가 너의 슬기로운
말을 업신여길 것이기
때문이다.

10

10 옛날에 세워 놓은 밭
경계표를 옮기지 말며,
고아들의 밭을 침범하
지 말아라.
11 그들의 구원자는 강한
분이시니, 그분이 그들
의 송사를 맡으셔서 너
를 벌하실 것이다.

11

12 훈계를 너의 마음에 간

단어

인색하다(23:6) 돈을 쓰는 일에 지나치게 박하다.
아첨(23:8) 남의 환심을 사거나 잘 보이려고 알랑거림.
침범하다(23:10) 남의 구역, 권리 등을 함부로 쳐들어가 해치거나 건드리다.
송사(23:11) 법적인 판결을 법원에 요구함.

직하고, 지식이 담긴
말씀에 너의 귀를 기울
여라.

12

13 아이 꾸짖는 것을 삼가
지 말아라. 매질을 한
다고 하여서 죽지는 않
는다.
14 그에게 매질을 하는 것
이, 오히려 그의 목숨
을 스올에서 구하는 일
이다.

13

15 내 아이들아, 너의 마
음이 지혜로우면, 나의
마음도 또한 즐겁다.
16 네가 입을 열어 옳은
말을 할 때면, 나의 속
이 다 후련하다.

14

17 죄인들을 보고 마음 속
으로 부러워하지 말고,
늘 주님을 경외하여라.
18 그러면, 너의 미래가 밝
아지고, 너의 소망도 끊
어지지 않는다.

15

19 내 아이들아, 너는 잘
듣고 지혜를 얻어서, 너
의 마음을 바르게 이끌
어라.
20 너는 술을 많이 마시는
사람이나 고기를 탐하
는 사람과는 어울리지

단어

스올(23:14) 죽어서 가는 장소. 음부, 무덤, 지옥으로 번역되기도 한다.
후련하다(23:16) 맺혔던 일이나 답답하던 것이 풀려서 시원하다.
경외하다(23:17) 두려운 마음으로 공경하다.
탐하다(23:20) 갖거나 차지하고 싶어 욕심을 부리다.

말아라.
21 늘 술에 취해 있으면서
먹기만을 탐하는 사람
은 재산을 탕진하게 되
고, 늘 잠에 빠져 있는
사람은 누더기를 걸치
게 된다.

기뻐할 것이며, 지혜로
운 자식을 둔 아버지는
크게 즐거워할 것이다.
25 너의 어버이를 즐겁게
하여라. 특히 너를 낳
은 어머니를 기쁘게 하
여라.

16

22 너를 낳아 준 아버지
에게 순종하고 늙은
어머니를 업신여기지
말아라.
23 진리를 사들이되 팔지
는 말아라. 지혜와 훈
계와 명철도 그렇게 하
여라.
24 의인의 아버지는 크게

17

26 내 아이들아! 나를 눈
여겨 보고, 내가 걸어온
길을 기꺼이 따라라.
27 음란한 여자는 깊은 구
렁이요, 부정한 여자는
좁은 함정이다.
28 강도처럼 남자를 노리
고 있다가, 숱한 남자
를 변절자로 만든다.

단어

탕진하다(23:21) 재물이나 시간, 힘 등을 헛되이 써서 없애다.
누더기(23:21) 누덕누덕 기운 헌 옷.
훈계(23:23) 잘못하지 않도록 타일러 주의시킴.
명철(23:23) 총명하여 사리에 밝고 지혜가 뛰어남.
변절자(23:28) 절개나 주장을 바꾸거나 저버린 사람.

18

29 재난을 당할 사람이 누구며, 근심하게 될 사람이 누구냐? 다투게 될 사람이 누구며, 탄식할 사람이 누구냐? 까닭도 모를 상처를 입을 사람이 누구며, 눈이 충혈될 사람이 누구냐?

30 늦게까지 술자리에 남아 있는 사람들, 혼합주만 찾아 다니는 사람들이 아니냐!

31 잔에 따른 포도주가 아무리 붉고 고와도, 마실 때에 순하게 넘어가더라도, 너는 그것을 쳐다보지도 말아라.

32 그것이 마침내 뱀처럼 너를 물고, 독사처럼 너를 쏠 것이며,

33 눈에는 괴이한 것만 보일 것이며, 입에서는 허튼 소리만 나올 것이다.

34 바다 한가운데 누운 것 같고, 돛대 꼭대기에 누운 것 같을 것이다.

35 "사람들이 나를 때렸는데도 아프지 않고, 나를 쳤는데도 아무렇지 않다. 이 술이 언제 깨지? 술이 깨면, 또 한 잔 해야지" 하고 말할 것이다.

단어

탄식하다(23:29) 근심이나 원망 따위로 한탄하여 숨을 내쉬다.
충혈(23:29) 혈액 순환의 장애로 인하여, 몸의 일정한 부분에 피가 비정상적으로 많아짐.
괴이하다(29:33) 알 수 없을 만큼 이상야릇하다.
허튼(29:33) 쓸데없이 헤프거나 막된.

24장

악인이 형통해 보이더라도 부러워말라고 교훈합니다. 그 형통은 곧 없어질 것이며, 하나님께서 각 사람의 행실대로 갚으실 것이기 때문입니다. 한편 지혜가 꿀처럼 영혼에 달다는 것과 공정하게 재판할 것, 게으르지 말 것에 대해서도 교훈하고 있습니다.

19

1 너는 악한 사람을 부러워하지 말며, 그들과 어울리고 싶어하지도 말아라.

2 그들의 마음은 폭력을 꾀하고, 그들의 입술은 남을 해칠 말만 하기 때문이다.

20

3 집은 지혜로 지어지고, 명철로 튼튼해진다.

4 지식이 있어야, 방마다 온갖 귀하고 아름다운 보화가 가득 찬다.

21

5 지혜가 있는 사람은 힘이 센 사람보다 더 강하고, 지식이 있는 사람은 기운이 센 사람보다 더 강하다.

6 전략을 세운 다음에야 전쟁을 할 수 있고, 참모가 많아야 승리할 수 있다.

22

7 지혜는 너무 높이 있어서, 어리석은 사람이 거기에 미치지 못하니, 어리석은 사람은 사람이

단어

전략(24:6) 전쟁을 전반적으로 이끌어 가는 방법이나 책략.
참모(24:6) 어떤 일의 주도자의 곁에서 활동하는 지략이 뛰어난 사람.
미치다(24:7) 분량이나 수치가 일정한 기준치에 가 닿거나 이르다.

모인 데서 입을 열지 못
한다.

23

8 늘 악한 일만 꾀하는
사람은, 이간질꾼이라
고 불린다.
9 어리석은 사람은 죄짓
는 것만 계획한다. 오만
한 사람은 누구에게나
미움을 받는다.

24

10 재난을 당할 때에 낙심
하는 것은, 너의 힘이
약하다는 것을 드러내
는 것이다.

25

11 너는 죽을 자리로 끌
려가는 사람을 건져 주
고, 살해될 사람을 돕
는 데 인색하지 말아라.
12 너는 그것이 '내가 알
바 아니라'고 생각하며
살겠지만, 마음을 헤아
리시는 주님께서 어찌
너의 마음을 모르시겠
느냐? 너의 목숨을 지
키시는 주님께서 다 알
고 계시지 않겠느냐?
그분은 각 사람의 행실
대로 갚으실 것이다.

26

13 내 아이들아, 꿀을 먹
어라. 그것은 좋은 것
이다. 송이꿀을 먹어라.

단어

낙심(24:10) 바라던 일이 이루어지지 않아맥이 풀리고 마음이 상함.

인색하다(24:11) 돈을 쓰는 일에 지나치게 박하다.

행실(24:12) 실지로 드러나는 행동.

송이꿀(24:13) 개꿀. 벌통에서 떠낸, 벌집에 들어 있는 상태의 꿀.

그것은 너의 입에 달콤
할 것이다.
14 지혜도 너의 영혼에게
는 그와 같다는 것을
알아라. 그것을 얻으면
너의 장래가 밝아지고,
너의 소망이 끊어지지
않는다.

27

15 악한 사람아, 의인의
집을 노리지 말고, 그
가 쉬는 곳을 헐지 말
아라.
16 의인은 일곱 번을 넘어
지더라도 다시 일어나
지만, 악인은 재앙을
만나면 망한다.

28

17 원수가 넘어질 때에 즐
거워하지 말고, 그가 걸
려서 쓰러질 때에 마음
에 기뻐하지 말아라.
18 주님께서 이것을 보시
고 좋지 않게 여기셔서,
그 노여움을 너의 원수
로부터 너에게로 돌이
키실까 두렵다.

29

19 행악자 때문에 분개하
지도 말고, 악인을 시기
하지도 말아라.
20 행악자에게는 장래가
없고, 악인의 등불은
꺼지고 만다.

단어

장래(24:14) 앞으로의 전망이나 가능성.
헐다(24:15) 헐어서 내려앉게 하거나 흩뜨리다.
노여움(24:18) 화가 날 만큼 섭섭하고 분한 감정.
분개하다(24:19) 어떤 일에 매우 분함을 느끼어 크게 화를 내다.
시기하다(24:19) 샘을 내고 미워하다.

30

21 내 아이들아, 주님과
왕을 경외하고, 변절자
들과 사귀지 말아라.
22 그들이 받을 재앙은 갑
자기 일어나는 것이니,
주님이나 왕이 일으킬
재난을 누가 알겠느냐?

추가 교훈

23 몇 가지 교훈이 더 있
다. 재판할 때에 얼굴
을 보아 재판하는 것은
옳지 않다.
24 악인에게 '네가 옳다' 하
는 자는 백성에게서 저
주를 받고, 뭇 민족에게
서 비난을 받을 것이다.
25 그러나 악인을 꾸짖는
사람은 기쁨을 얻을 것
이며, 좋은 복도 받을
것이다.
26 바른말을 해주는 것이,
참된 우정이다.
27 네 바깥일을 다 해놓
고 네 밭 일을 다 살핀
다음에, 네 가정을 세
워라.
28 너는 이유도 없이 네 이
웃을 치는 증언을 하지
말고, 네 입술로 속이는
일도 하지 말아라.
29 너는 "그가 나에게 한
그대로 나도 그에게 하
여, 그가 나에게 한 만

단어

변절자(24:21) 절개나 주장을 바꾸거나 저버린 사람.
재앙(24:22) 뜻하지 않게 생긴 불행한 일. 또는 천재지변으로 생긴 불행한 사고.
뭇(24:24) 하나가 아닌 여러.
바깥일(24:27) 사회생활의 일부로서 집밖에서 하는 경제적·사회적 활동.

큼 갚아 주겠다" 하고
말하지 말아라.
30 게으른 사람의 밭과 지
각이 없는 사람의 포도
원을 내가 지나가면서
보았더니,
31 거기에는 가시덤불이
널려 있고, 엉겅퀴가 지
면을 덮었으며, 돌담이
무너져 있었다.
32 나는 이것을 보고 마음
깊이 생각하고, 교훈을
얻었다.
33 "조금만 더 자야지, 조
금만 더 눈을 붙여야지,
조금만 더 팔을 베고 누
워 있어야지" 하면,
34 가난이 강도처럼 들이
닥치고, 빈곤이 방패로
무장한 용사처럼 달려
들 것이다.

25장 25장에서 29장까지는 솔로몬의 잠언을 히스기야 시대의 서기관들이 내용별로 정리한 것입니다. 여기서는 왕 앞에서 신하가 취해야 할 자세, 다시 말해 하나님 앞에서 우리가 가져야 할 마음 자세와 이웃과의 관계에서 조심해야 할 사항에 관해 교훈하고 있습니다.

솔로몬의 잠언 추가

1 이것도 솔로몬의 잠언
으로, 유다 왕 히스기
야의 신하들이 편집한
것이다.
2 일을 숨기는 것은 하나
님의 영광이요, 일을
밝히 드러내는 것은 왕
의 영광이다.

단어

지각(24:30) 사물의 이치나 도리를 분별하는 능력. 알아서 깨닫는 능력.
지면(24:31) 땅의 표면.
빈곤(24:34) 수입이나 재산이 적어서 살림살이가 넉넉하지 못하고 어려움.
잠언(25:1) 사람이 살아가는 데 훈계가 되는 짧은 말.

3 하늘이 높고 땅이 깊은
것처럼, 왕의 마음도 헤
아리기 어렵다.
4 은에서 찌꺼기를 없애
라. 그래야 은장색의
손에서 그릇이 되어 나
온다.
5 왕 앞에서는 악한 사람
을 없애라. 그래야 왕위
가 공의 위에 굳게 선다.
6 왕 앞에서 스스로 높은
체하지 말며, 높은 사
람의 자리에 끼어들지
말아라.
7 너의 눈 앞에 있는 높
은 관리들 앞에서 '저리
로 내려가라'는 말을 듣
는 것보다, '이리로 올라
오라'는 말을 듣는 것이
더 낫기 때문이다.
8 너는 급하게 소송하지
말아라. 훗날에 너의 이
웃이 너를 이겨 부끄럽
게 만들 때에, 네가 어
떻게 할지가 염려된다.
9 이웃과 다툴 일이 있으
면 그와 직접 변론만
하고, 그의 비밀을 퍼뜨
리지 말아라.
10 그 말을 듣는 사람이
오히려 너를 비난하면,
그 나쁜 소문이 너에게
서 떠나지 않고 따라다
닐까 두렵다.

단어

헤아리다(25:3) 미루어 짐작하거나 가늠해 살피다.
은장색(25:4) 금이나 은의 세공을 업으로 하는 사람.
소송하다(25:8) 법률상의 판결을 법원에 요구하다.
변론(25:9) 어떤 의견이나 사실을 논하여 밝힘.
비난하다(25:10) 남의 허물을 드러내거나 꼬집어 나쁘게 말하다.

11 경우에 알맞은 말은,
은쟁반에 담긴 금사과
이다.
12 지혜로운 사람의 책망
은, 들을 줄 아는 사람
의 귀에는, 금귀고리요,
순금 목걸이이다.
13 믿음직한 심부름꾼은
그를 보낸 주인에게는
무더운 추수 때의 시원
한 냉수와 같아서, 그
주인의 마음을 시원하
게 해준다.
14 선물을 한다고 거짓말
로 자랑을 퍼뜨리는 사
람은 비를 내리지 못하
는 구름과 바람 같다.
15 분노를 오래 참으면 지
배자도 설득되고, 부드
러운 혀는 뼈도 녹일
수 있다.
16 꿀을 발견하더라도 적
당히 먹어라. 과식하면
토할지도 모른다.
17 이웃집이라 하여 너무
자주 드나들지 말아라.
그가 싫증이 나서 너를
미워하게 될지도 모른다.
18 거짓말로 이웃에게 불
리한 증언을 하는 사람
은, 망치요, 칼이요, 뾰
족한 화살이다.
19 환난을 당할 때에, 진
실하지 못한 사람을 믿

단어

경우(25:11) 어떤 조건 아래에 놓인 그때의 상황이나 형편.
책망(25:12) 잘못을 나무라거나 꾸짖으며 못마땅하게 여김.
불리하다(25:18) 일이나 형편이 이롭지 아니하다.
환난(25:19) 근심과 재난을 아울러 이르는 말.

는 것은, 마치 썩은 이
와 뼈가 부러진 다리를
의지하는 것과 같다.
20 마음이 상한 사람 앞에
서 즐거운 노래를 부르
는 것은, 추운 날에 옷
을 벗기는 것과 같고,
상처에 초를 붓는 것과
같다.
21 네 원수가 배고파 하거
든 먹을 것을 주고, 목
말라 하거든 마실 물을
주어라.
22 이렇게 하는 것은, 그
의 낯을 뜨겁게 하는
것이며, 주님께서 너에
게 상으로 갚아 주실

것이다.
23 북풍이 비를 일으키듯,
헐뜯는 혀는 얼굴에 분
노를 일으킨다.
24 다투기를 좋아하는 여
자와 넓은 집에서 함께
사는 것보다, 차라리
다락 한 구석에서 혼자
사는 것이 더 낫다.
25 먼 데서 오는 기쁜 소식
은 목이 타는 사람에게
주어지는 냉수와 같다.
26 의인이 악인 앞에 무릎
을 꿇는 것은, 흐려진
샘물과 같고, 오염된 우
물물과 같다.
27 꿀도 너무 많이 먹는

단어

초(25:20) 조미료의 하나. 시고 단맛이 있는 액체.
원수(25:21) 원한이 맺힐 정도로 자기에게 해를 끼친 사람이나 집단.
낯(25:22) 눈, 코, 입 등이 있는 얼굴의 앞쪽 면.
헐뜯다(25:23) 해치려고 흠을 들추어내어 말하다.
분노(25:23) 매우 분함을 느껴 크게 화를 냄.

것은 좋지 않듯이, 영예
를 지나치게 구하는 것
은 좋지 않다.
28 자기의 기분을 자제하
지 못하는 사람은, 성
이 무너져 성벽이 없는
것과 같다.

26장 미련한 사람과 게으른 사람, 헐뜯기를 잘하는 사람과 남에게 악의를 가진 사람을 조심해야 하며, 특히 미련한 자와 말싸움하지 말 것을 당부합니다. 어리석은 자는 스스로의 미련을 모르고 자신을 지혜롭게 여겨 자기의 미련을 되풀이한다고 경고합니다.

미련한 사람이 되지 말아라

1 미련한 사람에게는 영
예가 어울리지 않는다.
이는 마치 여름에 눈이
내리는 것과 같고, 추
수 때에 비가 오는 것
과 같다.
2 까닭없는 저주는 아무
에게도 미치지 않으니,
이는 마치 참새가 떠도
는 것과 같고, 제비가
날아가는 것과 같다.
3 말에게는 채찍, 나귀에
게는 재갈, 미련한 사
람의 등에는 매가 필요
하다.
4 미련한 사람이 어리석
은 말을 할 때에는 대
답하지 말아라. 너도
그와 같은 사람이 될까
두렵다.
5 미련한 사람이 어리석
은 말을 할 때에는 같

단어

자제하다(25:28) 스스로 억제하여 다스리다.
영예(26:1) 영광스러운 명예.
재갈(26:3) 말을 다루기 위해 말의 입에 가로 물리는, 쇠로 된 물건.
대응하다(26:5) 사람이 일이나 사태에 나름대로의 태도나 행동을 취하다.

은 말로 대응하여 주어
라. 그가 지혜로운 체
할까 두렵다.
6 미련한 사람을 시켜서
소식을 보내는 것은, 제
발목을 자르거나 폭력을
불러들이는 것과 같다.
7 미련한 사람이 입에 담
는 잠언은, 저는 사람
의 다리처럼 힘이 없다.
8 미련한 사람에게 영예
를 돌리는 것은, 무릿매
에 돌을 올려놓는 것과
같다.
9 미련한 사람이 입에 담
는 잠언은, 술 취한 사
람이 손에 쥐고 있는
가시나무와 같다.
10 미련한 사람이나 지나
가는 사람을 고용하는
것은, 궁수가 닥치는
대로 사람을 쏘아대는
것과 같다.
11 개가 그 토한 것을 도
로 먹듯이, 미련한 사람
은 어리석은 일을 되풀
이한다.
12 너는 스스로 지혜롭다
하는 사람을 보았을 것
이나, 그런 사람보다는
오히려 미련한 사람에
게 더 희망이 있다.
13 게으른 사람은 핑계 대
기를 "길에 사자가 있

단어

잠언(26:7) 사람이 살아가는 데 훈계가 되는 짧은 말.
무릿매(26:8) 잔돌을 짤막한 노끈에 걸고 두 끝을 한데 잡아 휘두르다가 한끝을 놓으면서 멀리 던지는 팔매.
고용하다(26:10) 한쪽이 노무를 제공하고, 상대방은 보수를 지불하거나 그렇게 하기로 계약을 맺다.

다. 거리에 사자가 있
다" 한다.
14 문짝이 돌쩌귀에 붙어
서 돌아가듯이, 게으른
사람은 침대에만 붙어
서 뒹군다.
15 게으른 사람은 밥그릇에
손을 대고서도, 입에 떠
넣기조차 귀찮아한다.
16 게으른 사람은 재치 있
게 대답하는 사람 일곱
보다 자기가 더 지혜롭
다고 생각한다.
17 자기와 관계없는 싸움
에 끼어드는 것은, 사
람이 개의 귀를 붙잡는
것과 같다.
18 횃불을 던지고 화살을
쏘아서 사람을 죽이는
미친 사람이 있다.
19 이웃을 속이고서도 "농
담도 못하냐?" 하고 말
하는 사람도 그러하다.
20 땔감이 다 떨어지면 불
이 꺼지듯이, 남의 말
을 잘하는 사람이 없어
지면 다툼도 그친다.
21 숯불 위에 숯을 더하는
것과, 타는 불에 나무
를 더하는 것과 같이,
다투기를 좋아하는 사
람은 불난 데 부채질을
한다.
22 헐뜯기를 잘하는 사람

단어

핑계(26:13) 어떤 일을 정당화하기 위하여 공연히 내세우는 구실.
돌쩌귀(26:14) 문짝을 문설주에 달아 여닫는 데 쓰는 두 개의 쇠붙이.
불난 데 부채질(26:21) 남의 재앙을 더욱 커지게 만드는 것을 비유적으로 이르는 말.

의 말은 맛있는 음식과
같아서, 뱃속 깊은 데
로 내려간다.
23 악한 마음을 품고서 말
만 매끄럽게 하는 입술
은, 질그릇에다가 은을
살짝 입힌 것과 같다.
24 남을 미워하는 사람은
입술로는 그렇지 않은
체하면서, 속으로는 흉
계를 꾸민다.
25 비록 다정한 말을 한다
하여도 그를 믿지 말아
라. 그의 마음 속에는
역겨운 것이 일곱 가지
나 들어 있다.
26 미운 생각을 교활하게
감추고 있다 하여도,
그 악의는 회중 앞에서
드러나기 마련이다.
27 함정을 파는 사람은 자
기가 그 속에 빠지고,
돌을 굴리는 사람은 자
기가 그 밑에 깔린다.
28 거짓말을 하는 혀는 흠
없는 사람의 원수이며,
아첨하는 사람은 자기
의 신세를 망친다.

27장 전체적으로 책망의 필요성과 유익에 대하여 교훈하고 있습니다. 사람은 누구나 잘못을 할 수 있습니다. 이때 필요한 것이 바로 충고와 책망이며, 충고하기에 가장 좋은 사람은 친구입니다. 자신을 가장 잘 아는 친구의 진심어린 충고를 통해 사람은 성장합니다.

내일 일을 자랑하지 말아라

1 내일 일을 자랑하지 말

단어

매끄럽다(26:23) 겉면이 거칠지 않고 미끄러질 정도로 반드럽다.
역겹다(26:25) 속에 구역질이 날 만큼 거슬리게 싫다.
교활하다(26:26) 몹시 간사하고 나쁜 꾀가 많다.
회중(26:26) 많이 모인 사람들.
신세(26:28) 한 개인에 관련된 처지나 형편.

아라. 하루 사이에 무슨
일이 생길지 알 수 없다.
2 네가 너를 칭찬하지 말
고, 남이 너를 칭찬하게
하여라. 칭찬은 남이
하여 주는 것이지, 자
기의 입으로 하는 것이
아니다.
3 돌도 무겁고 모래도 짐
이 되지만, 어리석은 사
람이 성가시게 구는 것
은, 이 두 가지보다 더
무겁다.
4 분노는 잔인하고 진노
는 범람하는 물과 같다
고 하지만, 사람의 질
투를 누가 당하여 낼
수 있으랴?
5 드러내 놓고 꾸짖는 것
이, 숨은 사랑보다 낫다.
6 친구의 책망은 아파도
진심에서 나오지만, 원
수의 입맞춤은 거짓에
서 나온다.
7 배부른 사람은 꿀도 지
겨워하지만, 배고픈 사
람은 쓴 것도 달게 먹
는다.
8 고향을 잃고 떠도는 사
람은, 둥지를 잃고 떠도
는 새와 같다.
9 향유와 향료가 마음
을 즐겁게 하듯이, 친
구의 다정한 충고가 그

단어

성가시다(27:3) 들볶이거나 번거로워 괴롭고 귀찮다.
범람하다(27:4) 계곡이나 하천 등에서 넘쳐흐르다.
질투(27:4) 다른 사람이 잘되거나 자신보다 앞서서 좋은 위치에 있는 것을 시기하여, 그 사람을 미워하며 깎아 내림.
향유(27:9) 향기로운 냄새가 나는 화장용 기름.

와 같다.
10 너의 친구나 너의 아버
지의 친구를 저버리지
말아라. 네가 어렵다고
친척의 집을 찾아 다니
지 말아라. 가까운 이
웃이 먼 친척보다 낫다.
11 내 아이들아, 지혜를 깨
우치고, 나의 마음을 기
쁘게 하여라. 그러면 나
를 비방하는 사람에게,
내가 대답할 수 있겠다.
12 슬기로운 사람은 재앙
을 보면 숨어 피하지만,
어수룩한 사람은 고집
을 부리고 나아가다가
화를 입는다.
13 남의 보증을 선 사람은
자기의 옷을 잡혀야 하
고, 모르는 사람의 보
증을 선 사람은 자기의
몸을 잡혀야 한다.
14 이른 아침에 큰소리로
이웃에게 축복의 인사
를 하면, 그것을 오히려
저주로 여길 것이다.
15 다투기를 좋아하는 여
자는, 비 오는 날 지붕
에서 끊임없이 비가 새
는 것과 같다.
16 그런 여자를 다스리려
는 것은, 바람을 다스
리려는 것과 같고, 손
으로 기름을 가득 움켜

단어

저버리다(27:10) 잊거나 어기다. 등지거나 배반하다.
깨우치다(27:11) 깨달아 알게 하다.
비방하다(27:11) 헐뜯고 비난하여 말하다.
화(27:12) 온갖 재앙.
보증(27:13) 돈이나 물건 등을 빌린 사람이 그것을 갚지 않을 경우 그 사람을 대신해 갚아야 하는 일.

잡으려는 것과 같다.
17 쇠붙이는 쇠붙이로 쳐야
날이 날카롭게 서듯이,
사람도 친구와 부대껴
야 지혜가 예리해진다.
18 무화과나무를 가꾸는
사람이 그 열매를 먹
듯이, 윗사람의 시중을
드는 사람이 그 영화를
얻는다.
19 사람의 얼굴이 물에 비
치듯이, 사람의 마음도
사람을 드러내 보인다.
20 스올과 멸망의 구덩이
가 만족을 모르듯, 사람
의 눈도 만족을 모른다.
21 도가니는 은을, 화덕은
금을 단련하듯이, 칭찬
은 사람됨을 달아 볼
수 있다.
22 어리석은 사람은 곡식
과 함께 절구에 넣어서
공이로 찧어도, 그 어
리석음이 벗겨지지 않
는다.
23 너의 양 떼의 형편을
잘 알아 두며, 너의 가
축 떼에게 정성을 기울
여라.
24 재물은 영원히 남아 있
지 않으며, 왕관도 대대
로 물려줄 수 없기 때
문이다.
25 그러나 풀은 벤 뒤에도

단어

부대끼다(27:17) 서로 접촉하여 부딪치다.
스올(27:20) 죽어서 가는 장소. 음부, 무덤, 지옥으로 번역되기도 한다.
도가니(27:21) 쇠붙이를 녹일 때 쓰는 오목한 기구.
단련하다(27:21) 불에 달구어 두드려 강하게 만들다.
공이(27:22) 절구에 든 물건을 찧고 빻는 기구.

새 풀이 돋아나니, 산에
서 꼴을 거둘 수 있다.
26 어린 양의 털로는 너의
옷을 지어 입을 수 있
고, 숫양으로는 밭을
사들일 수 있으며,
27 염소의 젖은 넉넉하여,
너와 너의 집 식구의
먹을 것뿐만 아니라, 너
의 여종의 먹을 것까지
있을 것이다.

28장 의인과 악인의 특성을 대조하면서 그들의 결국이 어떠한가까지 설명하고 있습니다. 특히 악인의 삶을 자세하게 설명하고 있는데, 이를 통해 하나님의 공의를 좇아 경건하게 살아가는 의인의 삶이 얼마나 귀한지 자연스럽게 나타내고 있습니다. 악인은 절대 하나님의 심판을 피할 수 없습니다.

율법이 주는 유익

1 악인은 뒤쫓는 사람이
없어도 달아나지만, 의인
은 사자처럼 담대하다.
2 나라에 반역이 일면,
통치자가 자주 바뀌지
만, 슬기와 지식이 있는
사람이 다스리면, 그
나라가 오래간다.
3 가난한 사람을 억압하
는 가난한 사람은 먹거
리를 남김없이 쓸어 버
리는 폭우와 같다.
4 율법을 버린 사람은 악
인을 찬양하지만, 율법
을 지키는 사람은 악인
에게 대항한다.
5 악한 사람은 공의를 깨
닫지 못하나, 주님을 찾

단어

꼴(27:25) 소나 말에게 먹이는 풀.
담대하다(28:1) 배짱이 두둑하고 용감하다.
반역(28:2) 현재의 통치자나 통치 세력으로부터 통치권을 빼앗으려 꾀함.
억압하다(28:3) 기를 펴지 못하도록 인간의 행동이나 자유 등을 강제로 억누르다.

는 사람은 모든 것을
깨닫는다.
6 부유하나 구부러진 길
을 가는 사람보다는 가
난해도 흠 없이 사는
사람이 낫다.
7 슬기로운 아들은 율법
을 지키지만, 먹기를 탐
하는 사람들과 어울리
는 아들은 아버지에게
욕을 돌린다.
8 높은 이자로 재산을 늘
리는 것은, 마침내, 가
난한 사람들에게 은혜
로 베풀어질 재산을 쌓
아 두는 것이다.
9 귀를 돌리고 율법을 듣
지 않으면, 그의 기도마
저도 역겹게 된다.
10 정직한 사람을 나쁜 길
로 유인하는 사람은 자
기가 판 함정에 빠지지
만, 흠 없이 사는 사람
은 복을 받는다.
11 부자가 자기 보기에는
지혜롭지만, 가난하나
슬기로운 사람은 그 사
람의 속을 꿰뚫어 본다.
12 정직한 사람이 이기면
많은 사람이 축하하지
만, 악인이 일어나면 사
람들이 숨는다.
13 자기의 죄를 숨기는 사
람은 잘되지 못하지만,

단어

이자(28:8) 남에게 돈을 빌려 쓴 대가로 치르는 일정한 비율의 돈.
역겹다(28:9) 속에 구역질이 날 만큼 거슬리게 싫다.
유인하다(28:10) 주의나 흥미를 유발시켜 꾀어 이끌다.
흠(28:10) 사람의 성격과 언행에 보이는 부족한 점.
꿰뚫다(28:11) 훤히 잘 알다.

죄를 자백하고 그것을
끊어 버리는 사람은 불
쌍히 여김을 받는다.
14 늘 두려워하는 마음으
로 사는 사람은 복을
받지만, 마음이 완고한
사람은 재앙에 빠진다.
15 가난한 백성을 억누르
는 악한 통치자는, 울
부짖는 사자요, 굶주린
곰이다.
16 슬기가 모자라는 통치
자는 억압만을 일삼지
만, 부정한 이득을 미
워하는 통치자는 오래
도록 살 것이다.
17 사람을 죽인 사람은 함
정으로 달려가는 것이
니, 아무도 그를 막지
말아야 한다.
18 흠 없이 사는 사람은
구원을 받을 것이지만,
그릇된 길을 따라가는
사람은 언젠가는 한 번
넘어지고야 만다.
19 밭을 가는 사람은 먹을
것이 넉넉하지만, 헛된
것을 꿈꾸는 사람은 찌
들게 가난하다.
20 신실한 사람은 많은 복
을 받지만, 속히 부자가
되려는 사람은 벌을 면
하지 못한다.
21 사람의 얼굴을 보고 재

단어

자백하다(28:13) 자기의 허물이나 죄를 스스로 고백하거나 인정하다.
완고하다(28:14) 융통성이 없고 고집이 세다.
억누르다(28:15) 억지로 짓누르다.
부정하다(28:16) 올바르지 아니하거나 옳지 못하다.
신실하다(28:20) 믿음성이 있고 진실하다.

판하는 것은 옳지 않
다. 사람은 빵 한 조각
때문에 그런 죄를 지을
수도 있다.
22 죄악에 눈이 어두운 사
람은 부자가 되는 데에
만 바빠서, 언제 궁핍이
자기에게 들이닥칠지를
알지 못한다.
23 아첨하는 사람보다는
바르게 꾸짖는 사람이,
나중에 고맙다는 말을
듣는다.
24 자기 부모의 것을 빼앗
고도 그것이 죄가 아니
라고 하는 사람은 살인
자와 한패이다.
25 욕심이 많은 사람은 다
툼을 일으키지만, 주님
을 의뢰하는 사람은 풍
성함을 누린다.
26 자기의 생각만을 신뢰하
는 사람은 미련한 사람
이지만, 지혜롭게 사는
사람은 구원을 받는다.
27 가난한 사람을 도와주
는 사람은 모자라는 것
이 없지만, 그를 못 본
체하는 사람은 많은 저
주를 받는다.
28 악인이 일어나면 사람
들은 숨어 버리지만,
그가 망하면 의인이 많
이 나타난다.

단어

궁핍(28:22) 수입이나 재산이 적어서 살림살이가 매우 어려움.
들이닥치다(28:22) 갑자기 가까이 다다르다.
아첨하다(28:23) 남의 환심을 사거나 잘 보이려고 알랑거리다.
의뢰하다(28:25) 남에게 의지하다.

29장

이스라엘의 가장 지혜로운 왕이었던 솔로몬이 나라를 다스리는 과정에서 얻게 된 지혜를 소개하고 있습니다. 왕이 공평과 정의로 재판해야만 비로소 왕위가 견고하게 설 수 있습니다. 한 나라가 번영하기 위해서는 우선적으로 공의로운 통치가 이루어져야 합니다.

상식

1 책망을 자주 받으면서도 고집만 부리는 사람은, 갑자기 무너져서 회복하지 못한다.

2 의인이 많으면 백성이 기뻐하지만, 악인이 권세를 잡으면 백성이 탄식한다.

3 지혜를 사랑하는 아들은 아버지를 기쁘게 하지만, 창녀에게 드나드는 아들은 재산을 탕진한다.

4 공의로 다스리는 왕은 나라를 튼튼하게 하지만, 뇌물을 좋아하는 왕은 나라를 망하게 한다.

5 이웃에게 아첨하는 사람은 그의 발 앞에 그물을 치는 사람이다.

6 악인이 범죄하는 것은 그 자신에게 올무를 씌우는 것이지만, 의인은 노래하며 즐거워한다.

7 의인은 가난한 사람의 사정을 잘 알지만, 악인은 가난한 사람의 사정쯤은 못 본 체한다.

단어

책망(29:1) 잘못을 나무라거나 꾸짖고 못마땅하게 여김.
권세(29:2) 권력과 세력을 아울러 이르는 말.
탄식하다(29:2) 근심이나 원망 따위로 한탄하여 숨을 내쉬다.
탕진하다(29:3) 재물 따위를 다 써서 없애다.
사정(29:7) 일의 형편이나 그렇게 된 까닭.

8 거만한 사람은 성읍을
시끄럽게 하지만, 지혜
로운 사람은 분노를 가
라앉힌다.
9 지혜로운 사람이 어리
석은 사람을 걸어서 소
송하면, 어리석은 사람
이 폭언과 야유로 맞서
므로, 지혜로운 사람은
안심할 수 없다.
10 남을 피 흘리게 하기를
좋아하는 사람은 흠 없
는 사람을 미워하지만,
정직한 사람은 흠 없는
사람의 생명을 보살펴
준다.
11 미련한 사람은 화를 있
는 대로 다 내지만, 지
혜로운 사람은 화가 나
도 참는다.
12 통치자가 거짓말에 귀
를 기울이면, 그 신하
들이 모두 악해진다.
13 가난한 사람과 착취하
는 사람이 다 함께 살
고 있으나, 주님은 이들
두 사람에게 똑같이 햇
빛을 주신다.
14 왕이 가난한 사람을 정
직하게 재판하면, 그의
왕위는 길이길이 견고
할 것이다.
15 매와 꾸지람은 지혜를
얻게 만들어 주지만,

단어

야유(29:9) 남을 빈정대며 놀림.
착취하다(29:13) 돌아가야 할 몫을 주지 않고 부당하게 가로채거나 빼앗다.
길이길이(29:14) 아주 오래도록.
견고하다(29:14) 모양이 쉽게 변하거나 부서지지 않을 만큼 단단하고 튼튼하다.

내버려 둔 자식은 그
어머니를 욕되게 한다.
16 악인이 많아지면 범죄
가 늘어나지만, 의인은
그들이 망하는 것을 보
게 된다.
17 너의 자식을 훈계하여
라. 그러면 그가 너를
평안하게 하고, 너의 마
음에 기쁨을 안겨 줄
것이다.
18 계시가 없으면 백성은
방자해지나, 율법을 지
키는 사람은 복을 받
는다.
19 말만으로는 종을 제대
로 가르칠 수 없으니 다
알아들으면서도 따르지
않기 때문이다.
20 너도 말이 앞서는 사람
을 보았겠지만, 그런 사
람보다는 오히려 미련
한 사람에게 더 바랄
것이 있다.
21 어릴 때부터 종의 응석
을 받아 주면, 나중에
는 다루기 어렵게 된다.
22 화를 잘 내는 사람은
다툼을 일으키고, 성내
기를 잘하는 사람은 죄
를 많이 짓는다.
23 사람이 오만하면 낮아
질 것이고, 마음이 겸
손하면 영예를 얻을 것

단어

훈계하다(29:17) 잘못하지 않게 타일러 주의시키다.
평안하다(29:17) 걱정이나 탈이 없다. 무사히 잘 있다.
계시(29:18) 하나님께서 감추어진 사실, 진리 등을 사람에게 가르쳐 알게 하시는 것.
방자하다(29:18) 어려워하거나 삼가는 태도가 없이 무례하고 건방지다.

이다.

24 도둑과 짝하는 사람은
자기의 목숨을 하찮게
여기는 사람이다. 그러
므로 자기를 저주하는
소리를 들어도 아무런
반박을 하지 못한다.

25 사람을 두려워하면 올
무에 걸리지만, 주님을
의지하면 안전하다.

26 많은 사람이 통치자의
환심을 사려고 하지만,
사람의 일을 판결하시
는 분은 주님이시다.

27 의인은 불의한 사람을
싫어하고, 악인은 정직
한 사람을 싫어한다.

30장 아굴의 잠언입니다. 아굴은 하나님의 말씀만 의지하면서 살기를 구한 다음, 모든 사람들이 조심해야 하는 죄악된 행실을 나열하고 있습니다. 15-31절은 '숫자 잠언'이라 불리는데, 여기에는 지혜자가 경계해야 할 것과 본받아야 할 것들에 대한 내용이 담겨 있습니다.

아굴의 잠언

1 이것은 야게의 아들 아
굴이 말한 잠언이다.
이 사람이 이디엘에게
말하고, 또 이디엘과
우갈에게 말하였다.

2 참으로 나는, 사람이라
기보다는 우둔한 짐승
이며, 나에게는 사람의
총명이 없다.

3 나는 지혜를 배우지도
못하였고, 지극히 거룩
하신 분을 아는 지식도

단어

반박(29:24) 남의 의견이나 주장에 반대하여 논박함.
환심을 사다(29:26) 어떤 사람의 마음에 들도록 여러 방법으로 힘쓰다.
우둔하다(30:2) 어리석고 둔하다.
총명(30:2) 영리하고 기억력이 좋으며 재주가 있음.
지극히(30:3) 더할 나위 없이 아주.

깨우치지 못하였다.
4 하늘에 올라갔다가 내
려온 사람이 누구며,
바람을 자기 손에 움켜
쥐고 있는 사람이 누
구냐? 물을 그 옷자락
으로 싸고 있는 사람이
누구며 땅의 모든 경계
선을 그은 사람이 누구
인가? 그 사람의 이름
은 무엇인지, 그의 아들
의 이름은 무엇인지, 정
말 네가 아느냐?
5 하나님의 말씀은 모두
순결하며, 그분은 그를
의지하는 사람의 방패
가 되신다.
6 그 말씀에 아무것도 더
하지 말아라. 그렇지 않
으면 그분이 너를 책망
하시고, 너는 거짓말을
하는 사람이 될 것이다.

헌신의 잠언

7 주님께 두 가지 간청을
드리니, 제가 죽기 전에
그것을 이루어 주십시오.
8 허위와 거짓말을 저에
게서 멀리하여 주시고,
저를 가난하게도 부유
하게도 하지 마시고, 오
직 저에게 필요한 양식
만을 주십시오.
9 제가 배가 불러서, 주님
을 부인하면서 '주가 누

단어

순결하다(30:5) 잡된 것이 섞이지 않고 깨끗하다.
책망하다(30:6) 잘못을 나무라거나 꾸짖으며 못마땅하게 여기다.
간청(30:7) 간절히 청하다.
허위(30:8) 실속 없이 겉으로만 꾸미는 헛된 위세.
부인하다(30:9) 그렇다고 인정하지 않다.

구나'고 말하지 않게 하
시고, 제가 가난해서,
도둑질을 하거나 하나
님의 이름을 욕되게 하
거나, 하지 않도록 하여
주십시오.
10 주인에게 그 종을 비방
하는 말을 하지 말아
라. 그 종이 너를 저주
하고 너에게 죄가 돌아
갈까 두렵다.
11 아버지를 저주하며 어
머니를 축복하지 않는
무리가 있다.
12 더러운 것을 씻지도 않
고 깨끗한 체하는 무리
가 있다.
13 눈이 심히 높아서, 눈꺼
풀을 치켜 올리고 남을
깔보는 무리가 있다.
14 이빨이 긴 칼과 같고 턱
이 큰 칼과 같아서, 가
난한 사람을 하나도 땅
에 남기지 않고 삼키며
궁핍한 사람을 삼켜 씨
를 말리는 무리도 있다.
15 거머리에게는 '달라, 달
라' 하며 보채는 딸이
둘이 있다. 전혀 배부
른 줄 모르는 것이 셋,
만족할 줄 모르는 것
넷이 있으니,
16 곧 스올과 아기 못 낳
는 태와 물로 갈증을

단어

비방하다(30:10) 헐뜯고 비난하여 말하다.
거머리(30:15) 남에게 달라붙어서 좀처럼 떨어지지 않고 괴롭히는 사람을 비유적으로 이르는 말.
보채다(30:15) 요구하며 성가시게 조르다.
스올(30:16) 죽어서 가는 장소. 음부, 무덤, 지옥으로 번역되기도 한다.

없앨 수 없는 땅과 만
족하다고 말할 줄 모르
는 불이다.
17 아버지를 조롱하며 어
머니를 멸시하여, 순종
하지 않는 사람의 눈
은, 골짜기의 까마귀에
게 쪼이고 새끼 독수리
에게 먹힐 것이다.
18 기이한 일이 셋, 내가
정말 이해할 수 없는
일이 넷이 있으니,
19 곧 독수리가 하늘을 날
아간 자취와, 뱀이 바
위 위로 지나간 자취
와, 바다 위로 배가 지
나간 자취와, 남자가 여
자와 함께 하였던 자취
이다.
20 간음한 여자의 자취도
그러하니, 먹고도 안
먹었다고 입을 씻듯이
"나는 아무런 악행도
한 일이 없다" 한다.
21 세상을 뒤흔들 만한 일
이 셋, 세상이 감당하지
못할 일이 넷이 있으니,
22 곧 종이 임금이 되는
것과, 어리석은 자가 배
불리 먹는 것과,
23 꺼림을 받는 여자가 시
집을 가는 것과, 여종
이 그 안주인의 자리를
이어받는 것이다.

단어

태(30:16) 배 속의 아기를 싸고 있는 태반과 탯줄의 총칭. 아기집.
기이하다(30:18) 보통과 다르게 유별나고 이상하다.
자취(30:19) 무엇이 시간적 혹은 공간적으로 지나가거나 있다가 남기고 간 흔적.
뒤흔들다(30:21) 파문을 일으키거나 큰 영향을 끼치다.

24 땅에서 아주 작으면서
도 가장 지혜로운 것이
넷이 있으니,
25 곧 힘이 없는 종류이지
만 먹을 것을 여름에
예비하는 개미와,
26 약한 종류이지만 바위
틈에 자기 집을 짓는
오소리와,
27 임금은 없으나 떼를 지
어 함께 나아가는 메뚜
기와,
28 사람의 손에 잡힐 것
같은데도 왕궁을 드나
드는 도마뱀이다.
29 늠름하게 걸어 다니는
것이 셋, 위풍당당하게
걸어 다니는 것 넷이 있
으니,
30 곧 짐승 가운데서 가장
강하여, 아무 짐승 앞
에서도 물러서지 않는
사자와,
31 자랑스럽게 걷는 사냥
개와, 숫염소와, 아무도
맞설 수 없는 임금이다.
32 네가 어리석어서 우쭐
댔거나 악한 일을 도모
하였거든, 너의 손으로
입을 막고 반성하여 보
아라.
33 우유를 저으면 굳은 우
유가 되고, 코를 비틀면
피가 나오듯, 화를 돋우

단어

늠름하다(30:29) 의젓하고 씩씩하다.
위풍당당하다(30:29) 모습이나 크기가 남을 압도할 만큼 위엄이 있다.
우쭐대다(30:32) 의기양양하여 자꾸 뽐내다.
도모하다(30:32) 어떤 일을 이루려고 대책과 방법을 꾀하다.

면 분쟁이 일어난다.

31장 르무엘 왕의 어머니가 아들에게 교훈하는 잠언입니다. 어머니의 조언답게 술과 여자에 대한 조언이 주요 내용입니다. 판단력을 흐리게 하는 술을 멀리하고, 현숙한 아내를 맞을 것을 당부합니다. 현숙한 여인이란 하나님을 경외하고 근면하게 살아가는 여인입니다.

왕에게 주는 충고

1 르무엘 왕의 잠언, 곧
그의 어머니가 그에게
교훈한 말씀이다.
2 내 아들아, 내가 무엇
을 말할까? 내 태에서
나온 아들아, 내가 무
엇을 말할까? 서원을
하고 얻은 아들아, 내
가 무엇을 말할까?
3 여자에게 너의 힘을 쓰
지 말아라. 여자는 임
금도 망하게 할 수 있
으니, 여자에게 너의 길
을 맡기지 말아라.
4 르무엘아, 임금에게 적
합하지 않은 일이 있다.
포도주를 마시는 것은
임금에게 적합한 일이
아니다. 독주를 좋아하
는 것은 통치자들에게
적합한 일이 아니다.
5 술을 마시면 법을 잊어
버리고, 억눌린 사람들
에게 판결을 불리하게
내릴까 두렵다.
6 독한 술은 죽을 사람에
게 주고, 포도주는 마
음이 아픈 사람에게 주

단어

서원(31:2) 하나님께 은혜를 구하고, 그 보답으로 어떤 선행을 하겠다고 맹세하는 일.
적합하다(31:4) 일이나 행동이 어떤 조건이나 정도에 꼭 알맞다.
억눌리다(31:5) 자유롭지 못하게 짓누름을 당하다.
불리하다(31:5) 일이나 형편이 이롭지 아니하다.

어라.
7 그가 그것을 마시고 자
기의 가난을 잊을 것이
고, 자기의 고통을 더
이상 기억하지 않을 것
이다.
8 너는 벙어리처럼 할 말
을 못하는 사람과 더불
어, 고통 속에 있는 사
람들의 송사를 변호하
여 입을 열어라.
9 너는 공의로운 재판을
하고, 입을 열어, 억눌린
사람과 궁핍한 사람들
의 판결을 바로 하여라.

유능한 아내

10 누가 유능한 아내를 맞
겠느냐? 그 값은 진주
보다 더 뛰어나다.
11 남편은 진심으로 아내
를 믿으며 가난을 모르
고 산다.
12 그의 아내는 살아 있는
동안, 오직 선행으로
남편을 도우며, 해를 입
히는 일이 없다.
13 양털과 삼을 구해다가,
부지런히 손을 놀려 일
하기를 즐거워한다.
14 또한 상인의 배와 같
이, 먼 곳에서 먹거리를
구하여 오기도 한다.
15 날이 밝기도 전에 일어
나서 식구들에게는 음

단어

벙어리(31:8) '언어 장애인'을 얕잡아 이르는 말.
송사(31:8) 법적인 판결을 법원에 요구함.
공의(31:9) 공평한 도리.
유능하다(31:10) 사람이 능력이나 재능이 있다.
해(31:12) 사람이나 사물에 끼치는 나쁜 영향.
상인(31:14) 장사하는 사람.

식을 만들어 주고, 여
종들에게는 일을 정하
여 맡긴다.
16 밭을 살 때에는 잘 살
펴본 다음에 사들이고,
또 자기가 직접 번 돈
으로 포도원도 사서 가
꾼다.
17 허리를 단단히 동여매고,
억센 팔로 일을 한다.
18 사업이 잘 되어가는 것
을 알고, 밤에도 등불
을 끄지 않는다.
19 한 손으로는 물레질을
하고, 다른 손으로는
실을 탄다.
20 한 손은 펴서 가난한
사람을 돕고, 다른 손
은 펴서 궁핍한 사람을
돕는다.
21 온 식구를 홍색 옷으로
따스하게 입히니, 눈이
와도 식구들 때문에 걱
정하는 일이 없다.
22 손수 자기의 이부자리
를 만들고, 고운 모시
옷과 자주색 옷을 지어
입는다.
23 남편은 마을 원로들과
함께 마을회관을 드나
들며, 사람들의 존경을
받는다.
24 그의 아내는 모시로 옷
을 지어 팔고, 띠를 만

단어

동여매다(31:17) 감거나 두르거나 하여 묶다.
물레질(31:19) 물레를 돌려 고치나 솜에서 실을 뽑아내는 일.
원로(31:23) 어떤 분야에 오래 종사하여 나이와 공로가 많고 덕망이 높은 사람. 나이나 벼슬, 덕망이 높은 벼슬아치를 이르던 말.

들어 상인에게 넘긴다.
25 자신감과 위엄이 몸에
배어 있고, 미래에 대한
두려움이 없다.
26 입만 열면 지혜가 저절
로 나오고, 혀만 움직이
면 상냥한 교훈이 쏟아
져 나온다.
27 집안 일을 두루 살펴보
고, 일하지 않고 얻은
양식은 먹는 법이 없다.
28 자식들도 모두 일어나
서, 어머니 업적을 찬
양하고 남편도 아내를
칭찬하여 이르기를
29 "덕을 끼치는 여자들은
많이 있으나, 당신이 모
든 여자 가운데 으뜸이
오" 한다.
30 고운 것도 거짓되고, 아
름다운 것도 헛되지만,
주님을 경외하는 여자
는 칭찬을 받는다.
31 아내가 손수 거둔 결실
은 아내에게 돌려라. 아
내가 이룬 공로가 성문
어귀 광장에서 인정받
게 하여라.

단어

위엄(31:25) 위세가 있어 의젓하고 엄숙한 태도나 기세.
상냥하다(31:26) 사근사근하고 부드럽다.
업적(31:28) 일이나 사업에서 이룬 성과.
으뜸(31:29) 많은 것 가운데 첫째가 되다.
결실(31:31) 노력이나 수고로 이루어진 보람 있는 성과.
공로(31:31) 목적을 이루는 데에 들인 노력이나 수고.

네가 하는 일을 주님께 맡기면,
계획하는 일이 이루어질 것이다.
사람이 마음으로 자기의 앞길을
계획하지만, 그 발걸음을
인도하시는 분은 주님이시다.

_잠언 16장 3, 9절

새번역 잠언 따라쓰기

초판 1쇄 2020년 9월 25일

엮은이 아가페출판사 편집부

펴낸이 곽성종
펴낸곳 (주)아가페출판사
등록 제21-754호(1995년 4월 12일)
책임편집 손정민
내지디자인 윤지은
표지디자인 권영은

주소 (06698) 서울시 서초구 효령로 8길 5(방배동)
전화 584-4835(본사), 522-5148(편집부)
팩스 586-3078(본사), 586-3088(편집부)
홈페이지 www.iagape.co.kr

ISBN 978-89-537-9633-1 (04230)
978-89-537-9632-4 (세트)

이 도서의 국립중앙도서관 출판예정도서목록(CIP)은 서지정보유통지원시스템 홈페이지(http://seoji.nl.go.kr)와
국가자료공동목록시스템(http://www.nl.go.kr/kolisnet)에서 이용하실 수 있습니다.(CIP제어번호: CIP2020037400)

아가페 출판사

영어로 쓰며 마음에 새기는 하나님의 말씀

아가페 영어성경 쓰기 시리즈

· 영어성경 쓰기 ·

영어성경 잠언 쓰기(쉬운성경, NLT) | 176면
영어성경 요한복음 쓰기(쉬운성경, NIV) | 232면

근간예정

영어성경 시편 쓰기
(쉬운성경, NLT)

· 어린이 영어말씀 따라쓰기 ·

어린이를 위한 한영 요절말씀 따라쓰기 | 120면
지혜를 키우는 한영 지혜말씀 따라쓰기 | 120면

한글(개역개정)과
영어(NLT)로 익히는
52구절의
하나님 말씀!

[주]아가페출판사 www.iagape.co.kr

* 자세한 내용은 아가페 홈페이지를 참고하세요